藏在博物馆里的
国宝故事

①

青铜时代的
辉煌重器

知路童书　著绘

浙江人民出版社

在历史的长河中
那些保存至今的文物，是历史的见证
向我们讲述曾经的精彩故事
（下图时间轴分四段，对应本套书四册的时间划分）

人面鱼纹彩陶盆

妇好鸮尊

曾侯乙编钟

石器时代

陶器的繁荣

夏

商

青铜器的繁荣

西周

周

春秋

战国

秦

汉

三国

晋

南北朝

陶俑的繁荣

漆器的繁荣

画像砖的繁荣

镶嵌绿松石兽面铜牌饰

长信宫灯

鸭形玻璃注

北魏木板漆画

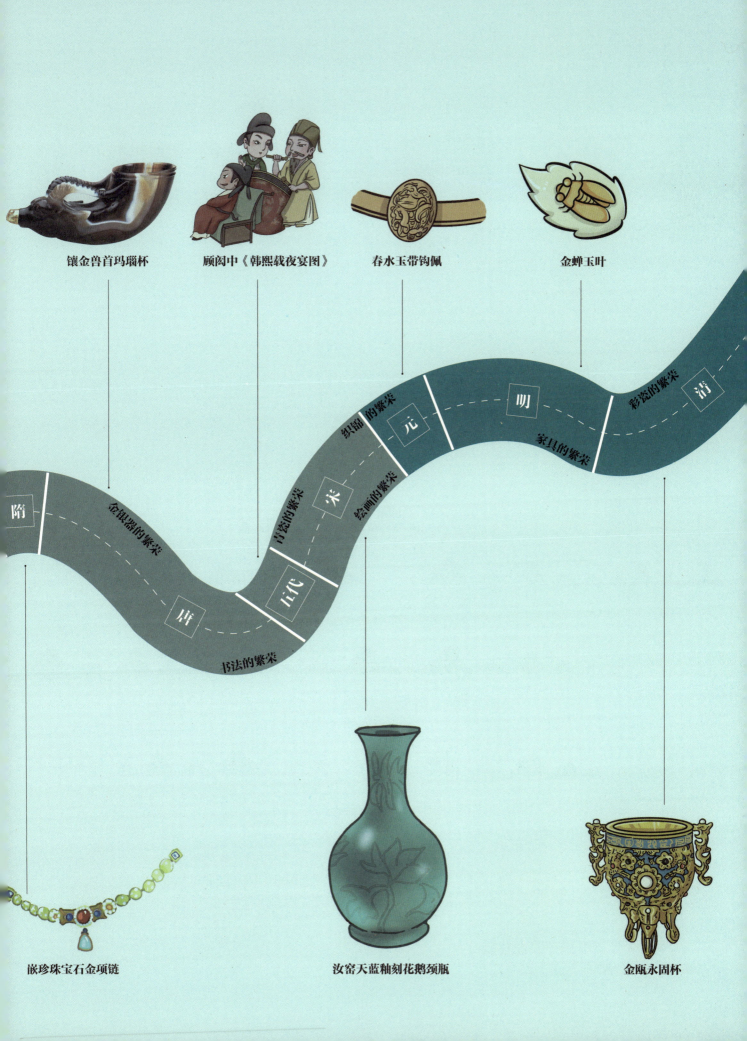

镶金兽首玛瑙杯

顾闳中《韩熙载夜宴图》

春水玉带钩佩

金蝉玉叶

织锦的繁荣

明

元

彩瓷的繁荣

清

青瓷的繁荣

隋

金银器的繁荣

绘画的繁荣

宋

家具的繁荣

唐

五代

书法的繁荣

嵌珍珠宝石金项链

汝窑天蓝釉刻花鹅颈瓶

金瓯永固杯

前 言

我叫春宝，我和秋宝陪你"穿越"历史。

我叫秋宝，我会鉴宝，我是小小历史通。

　　我们的祖国，是一个有着5000年历史的文明古国。或许每个小学生都会背诵这句话。如何让这句话在孩子的头脑中鲜活、立体起来呢？文物是一个非常不错的切入点。

　　透过丰富多样的文物，我们可以回望久远的过去：我们从哪里来，我们的祖先长什么样子，他们过着怎样的生活。文物与文字不同，文字代表着记录者的思想，会有偏差，但文物不会说谎，它们承载着真实的历史。

　　令人遗憾的是，当我们去博物馆参观时，珍贵的文物往往躺在展示柜里，或是用隔离带围住，我们只能隔窗或远远观看。要让孩子对这些充满距离感的陈年古物提起兴趣，实在不太容易。再说，我们也很难带孩子跑遍全国所有博物馆，因此，对于很多国宝级文物，我们也难以一睹其风采。

　　为此，我们精心编写了这套《藏在博物馆里的国宝故事》。整套书按朝代分为4册，精选46件国家级文物。我们试图将它们从博物馆"搬"到孩子的面前，用讲故事的方式剥开文物的斑斑锈迹，为孩子推开认识中国历史文化的全新大门。

　　跨进这扇门，不仅可以聆听生动的故事，还可以了解众多文物背后的制作工艺，让孩子感知先人的智慧，进而激发他们探寻、保护文物，传承、创新文化的精神，感受中华文明的源远流长和博大精深。让我们和孩子一起，开启一场纸上博物馆之旅，来一次寻宝打卡吧。

目录

[石器时代卷]

国宝❶陶器 | 人面鱼纹彩陶盆　　　　2

探访考古现场 | 陕西半坡遗址　　　　6

国宝❷陶器 | 陶鹰鼎　　　　9

国宝❸玉器 | 良渚玉琮王　　　　12

探访考古现场 | 浙江良渚遗址　　　　16

[夏商西周卷]

国宝❹青铜器 | 镶嵌绿松石兽面铜牌饰　　　　21

探访考古现场 | 河南二里头遗址　　　　24

国宝❺甲骨 | "王为般卜"龟甲刻辞　　　　26

学点文物鉴赏 | 甲骨文　　　　30

国宝❻青铜器 | 后母戊鼎　　　　33

国宝❼青铜器 | 妇好鸮尊　　　　38

探访考古现场 | 河南殷墟　　　　42

国宝❽青铜器 | 青铜大立人像　　　　44

探访考古现场 | 四川三星堆遗址　　　　48

[春秋战国卷]

国宝❾青铜器 | 越王勾践剑　　　　52

国宝❿青铜器 | 曾侯乙编钟　　　　56

探访考古现场 | 湖北曾侯乙墓　　　　60

国宝⓫青铜器 | 商鞅方升　　　　62

石器时代卷

什么是石器时代？顾名思义，石器时代大概可以理解为人类使用石器的时代。

石器时代分为旧石器时代和新石器时代，旧石器时代以使用打制石器为标志，新石器时代则以使用磨制石器为标志。

不过，你可千万不要认为那时的人们只会使用石器，原始遗址中出土的各种精美的陶器、玉器，不断刷新着人们对那个时代的认知。

火与土的结合诞生了陶器，先民们也有了喝水、吃饭、储存物品的工具。聪明的先民还会进行各种艺术创作，制作出很多造型多样、纹饰精美的陶器。

那时，先民们对自然界的认识水平有限，对很多无法解释的自然现象充满恐惧，所以他们认为万物有灵，部落首领们急需一种实物作为与神灵沟通的媒介，从而巩固自己的威严，达到统治目的。于是他们找到了看起来跟普通石头不太一样的玉石，制作出各种玉器。

1953 年春天，在陕西西安东部的半坡村一带，考古学者发现了一处大型的原始聚落遗址，这就是著名的半坡遗址。

6000 多年前，半坡人就生活在这里。他们在河谷地带建起房屋，开垦土地，种植粮食，饲养猪、狗等家畜。闲暇时，他们还会狩猎、捕鱼，采集野果。不仅如此，聪明的半坡人还会制作彩陶。

一把泥土，在双手的作用下，经过摔、捏、绘、烧，摇身一变就成了彩陶。半坡人喜欢在彩陶上绘制动物纹饰，尤其是鱼纹，充满奇幻色彩的人面鱼纹彩陶盆就是其中的典型代表。

国宝
鉴赏

人面鱼纹彩陶盆是中国新石器时代仰韶文化的典型代表，陶盆上精美神秘的人面鱼纹被誉为原始人类的艺术杰作，展示了人类祖先对美的追求。

盆内腹装饰
两个人面鱼纹相对。人面呈圆形，头顶有尖状物和鱼鳍形装饰，嘴边各有一条变形的鱼纹，耳边各有一条鱼

在两个人面鱼纹间，有两条大鱼追逐串联

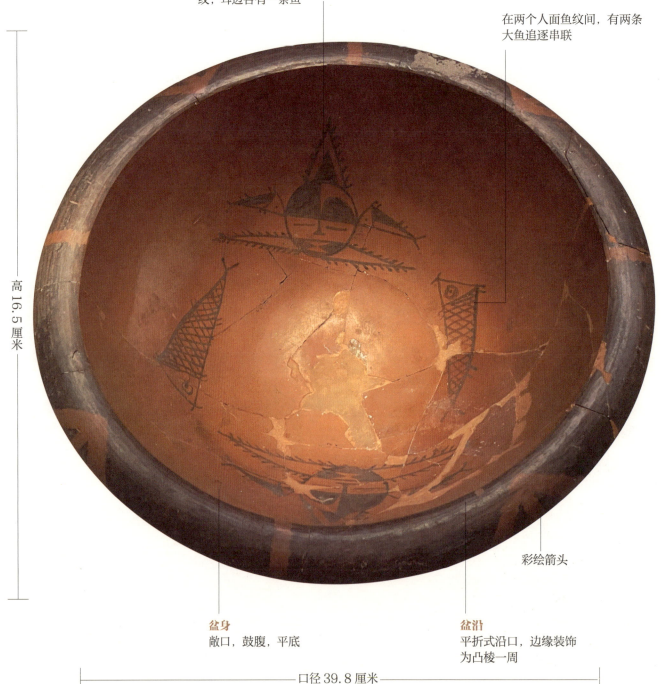

高 16.5 厘米

彩绘箭头

盆身
敞口，鼓腹，平底

盆沿
平折式沿口，边缘装饰为凸棱一周

口径 39.8 厘米

1 彩陶是怎样诞生的

很早以前，人类发现了火，用火取暖、烤熟食物。他们无意中发现火边软软的泥土竟变得非常坚硬，于是人们将泥土捏成各种形状，放在火上烧制，便诞生了陶器。后来人们又在制作好的陶坯上用矿物颜料画上图案，再入窑烧制，就形成了现在我们说的彩陶。

半坡人生活的时期，彩陶的运用已经非常普遍了。除了名气很大的人面鱼纹彩陶盆外，还有汲水尖底陶瓶、彩陶船形壶等陶器。创造出一种新材料"陶"，标志着人类文明向前迈出了一大步。

2 还有一个孪生兄弟

人面鱼纹彩陶盆因进入中学历史课本而被更多人熟知。但鲜为人知的是，人面鱼纹彩陶盆还有一个孪生兄弟——人面网纹彩陶盆。

名字仅一字之差，模样也极为相似，两个彩陶盆是同时出土的。1953年，一经出土，人面鱼纹彩陶盆就被送到北京，来到了新家——中国国家博物馆，而人面网纹彩陶盆则留在了老家——半坡博物馆。2006年6月，半坡博物馆从中国国家博物馆借展，"兄弟俩"在时隔50年之后重聚首。

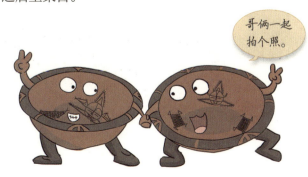

哥俩一起拍个照。

3 神秘鱼纹的猜想

人面鱼纹彩陶盆上的图案由人鱼合体而成，充满神秘感。关于它的含义有多种说法。

有人认为，鱼纹图案反映了半坡人和鱼之间的密切关系。半坡人依水居住，生活方式与渔猎密不可分，因此他们把鱼奉为祖先的图腾加以崇拜。也有人认为，人面鱼纹实际是巫师在进行巫术活动时所戴的一种面具。

除此之外，关于它还有很多角度的解释。关于这些鱼，你是怎么想的呢？

半坡鱼纹萌萌哒!

4 彩陶盆的特殊用途

在原始社会，孩子是部落繁衍的希望。然而，由于食物匮乏，再加上自然灾害与疾病频发，常常有儿童不幸夭折。

出现这种情况时，他们便把夭折的孩童放置于陶瓮中，以瓮为棺，以盆为盖，埋葬在部落附近，希望神灵保佑部落人丁兴旺，发展壮大。古代这种特殊的丧葬方式叫做"瓮棺葬"。这件半坡遗址出土的人面鱼纹彩陶盆就是瓮棺的盖子。

[探访考古现场] 陕西半坡遗址

　　半坡遗址位于今陕西省西安市浐河东岸，是新石器时代仰韶文化聚落遗址，为原始社会母系氏族时期村落遗址，距今有 6700~6000 年历史。

遗址概况

　　半坡遗址分为居住区、墓葬区和制陶作坊区。居住区外围是一条大壕沟，内部有小居室围绕着大房子。房屋分为半地穴式和地面建筑两种，房子之间分布有储藏东西的窖穴，房子周围有家畜圈栏、小孩瓮棺葬和幼儿土坑墓等。大沟外北边是公共墓地，东边是手工作坊区。

半坡遗址沙盘展示

陶瓿（zèng）、陶罐和陶盖
半坡人用于加工食物的"三件套"陶器

尖底陶瓶
半坡出土的代表性陶器之一

骨制品饰物
半坡人将它们作为饰品戴在身上

遗址文物

骨箭头
半坡人捕鱼或狩猎的工具之一

鱼纹彩陶盆
半坡时期夭折儿童的瓮棺之盖

石斧
用于砍伐等多种用途的石质工具

遗址私语

开启农业文明

　　6000 年前，半坡人开始在这里种植"粟"等农作物，开启了渭河平原农耕文明的历史，当时农业尚处于初级阶段，为了生存，他们还要从事渔猎和采集等作为生活资料的补充。

制作了大量陶器

　　开启了农业生产，定居在半坡后，半坡人制作了大量陶器，作为日常生活的主要器具。半坡遗址出土完整和能够复原的器皿近 1000 件，包括钵、盆、罐、尖底陶瓶等。

半坡人的审美意识

　　半坡遗址还出土了大量兽骨、石珠、蚌壳等装饰物，说明当时半坡人已经会用这些物件来装饰自己。他们将这些饰物打磨成各种形状，可以做发饰、耳饰、颈饰、手饰等。

留下了很多谜

　　在半坡遗址出土的一些陶器上，发现了形式多样的刻画符号。这些神秘的符号有什么含义呢？图案化的人面形象，常与鱼形纹相结合，这又代表什么寓意呢？

国宝2
陶器

馆藏点
中国国家博物馆

陶鹰鼎
dǐng

材质　文物造型　器型名

你去奶奶或者外婆家时，有没有见过用来腌咸菜的大罐子？

如果这个大罐子既不是玻璃材质，也不是塑料材质，那它很可能是一个陶罐。

人类使用陶器的历史非常悠久，目前发现的最早的陶片，距今大约有1万年了。聪明的先人创造了造型多样、纹饰精美的陶器，陶鹰鼎就是其中十分特别的一个。

圆滚滚的身子、滴溜溜的大眼睛、粗壮的小短腿，像极了一个背着手伸着脖子的老爷爷。陶鹰鼎是目前已发现的新石器时代唯一一件鸟类造型的陶器。自它开始，陶器开始拥有了立体造型。

就是这样一件国宝级文物，曾与陕西太平庄一户农民家的鸡朝夕相处了一年，1993年中国首次申办奥运会时，被当选为"申奥大使"赴国外展出，在它身上还有什么传奇故事呢？

国宝
鉴赏

陶鹰鼎设计巧妙，造型优美，形态逼真，是已发现的新石器时代陶器中唯一一件鸟类造型的陶器，反映了5000多年前我们祖先的聪明智慧。

口径23.3厘米

鼎口
位于鹰的背部和两翼之间

高35.8厘米

鼎身
整体为一只驻足站立的雄鹰，体态丰硕，怒目而视，威风凛凛

鼎脚
宽大的鹰尾下垂，与两只粗壮的鹰腿构成三个稳定的支点

1 国宝历险

1957年的一天，陕西太平庄的农民殷（yīn）思义正在村东犁地，突然，手头一震，犁头碰到了地里的硬物。他估摸着是地里的大石头，就准备将石头挖出来，以免碰断犁头，谁知却挖出了一件鸟形模样的陶器，这就是后来闻名于世的陶鹰鼎。但他当时并不知道自己挖到了一件国宝，想着家里正缺一个给鸡喂食的食盆，就随手将陶鹰鼎带回家，做了鸡食盆。

这是主人给我买的新盆吗？

2 国宝回归

就在殷思义挖出陶鹰鼎的第二年秋天，北京大学考古队在太平庄的邻村发现了著名的泉护村仰韶文化遗址。考古队一边进行遗址的发掘工作，一边在附近宣传文物保护。

殷思义见到来村里调查宣传的考古队，就主动向考古队员提起，自己挖到了一个鸟形陶罐，并将陶罐交给了考古队，这才使得陶鹰鼎最终被中国国家博物馆收藏，能被更多人观赏。

3 母系氏族社会

殷思义带着考古队长来到挖出陶鹰鼎的地方，并提起耕种这片土地时，经常会翻出一些陶器碎片，考古队长据此判断，这里很可能有墓葬。后来果然在这里发掘出一座成年女性的墓葬。

这个成年女性是谁不得而知，不过可以断定她的地位很高，因为她所处的时期是母系氏族社会。那时，男子外出打猎，有时会毫无收获；而女子负责耕种田地、采摘果子、饲养动物，有着更稳定的收入来保障生活。

4 用途之争

陶鹰鼎是用来做什么的呢？我们都知道，鼎是古代盛煮食物的器具，所以有人说陶鹰鼎就是用来盛放食物的。不过，陶鹰鼎出土于一座成年女性的墓葬之中，墓中还同时发现了骨匕、石圭等古代礼器，所以也有人推测陶鹰鼎不是普通陶器，而是祭祀用的礼器。至于它的用途到底是什么，目前还不清楚。

5 仰韶文化

同人面鱼纹彩陶盆一样，陶鹰鼎也出自新石器时代仰韶文化时期。

仰韶文化时期制陶业很发达，出土的彩陶精美且数量众多，因此仰韶文化也被称为彩陶文化。那时的人们已经很好地掌握了制陶的技术，经常采用泥条盘筑法，把泥料搓成条状盘成型。

妈妈，看我做得对吗？

对的，做得真棒！

玉琮是什么？听这名字好像跟玉石有些关联。是的，这种内圆外方的筒形玉器，是5000年前江浙一带良渚先民创造的一种沟通神灵天地的法器。

5000年前，它承载着良渚先民的信仰与希望；5000年后，它是杭州人的骄傲，从多个角落都能看到这座城市玉琮元素的身影。

1986年出土于浙江省余杭反山12号墓的玉琮，因其体积、重量及纹饰均为现存玉琮之最，所以被称为"玉琮王"。

玉琮王的主人是谁？在极度简陋的条件下，它是如何被制作出来的？为何人们对它如此重视呢？

国宝
鉴赏

玉琮，作为古人沟通天地人神两界的法器，是良渚文化的重要代表文物之一。玉琮王是华夏5000年文明的重要实物例证，也是目前发现的良渚玉琮中最大、最重、做工最精美的一件。

上径 17.1~17.6 厘米

孔径约 5 厘米

通高约 8.9 厘米

重 6.5 千克

整体
器形呈矮方柱体，外方内圆，象征着原始先民"天圆地方"的宇宙观

边角
向外凸出，都用浮雕技法雕刻了"神人兽面纹"，纹面左右两侧各有一只神鸟守护

直槽
刻有两幅纹饰相同的完整"神人兽面纹"，上下排列，4面一共8幅

都说金子会发光，玉石也会的。

1 玉琮王现世

玉琮王的发现要从 1986 年的那个夏天说起。

那天是 5 月 31 日，考古学家王明达正在主持良渚反山遗址的发掘。12 号墓传来好消息，又有新发现。王明达马上跳到坑里去查看，技工发现的是一件嵌玉漆器。而后王明达用竹签子来来回回剥墓坑，又发现两件玉琮，其中一件就是玉琮王。

玉琮王刚刚被发现时，并没有引起特别的关注，因为考古学家们最初认为，它上面刻画的是一种常见的类似饕餮（音 tāo tiè，古代传说为一种凶恶贪食的野兽）的兽面纹饰。

2 意外的发现

当野外工作结束后，人们在冲洗文物照片时却有了意外的发现。原来在兽面纹之上还有一个头戴羽冠的人。专家们这才意识到，这并不是普通的"饕餮兽面纹"，而是极为罕见的、造型完整的"神人兽面纹"。

于是，我们可以看到这样一个传神的画面：一个头戴羽冠的露齿神人展开双臂，似乎想要驯服身下的坐骑神兽。神兽圆睁着巨大的眼睛，一嘴獠牙很凶狠的样子。整个画面特别有想象力。

看我怎么驯服你！

你休想。

3 惊人的手艺

为何玉琮王上的"神人兽面纹"最初被认成了常见的"饕餮兽面纹"呢？那是因为神人的胳膊和手是由一些细线组成的，纤细到肉眼都很难发现。

整个玉琮王上至少有上百条这样的细线，有些看上去比头发丝还要细。在这宽 4 厘米、高 3 厘米的狭小区域内，运用了阴线、浮雕两种表现手法，真是鬼斧神工。遥想 5000 年前那个没有金属工具的时代，良渚匠人竟刻画出这么精细独特的线条，真是让人惊叹啊！

在良渚遗址中还发现了一种黑色燧（suì）石，硬度极高，很可能就是良渚人雕刻玉器的工具。

雕刻是我的拿手好活哦！

4 先民的法器

"良渚"的字面意思是水中的美丽小洲，古良渚城便是在一片浅水沼泽上建立起来的。眼看着这次暴风雨可能就要毁灭古城，良渚王心急如焚，为了拯救家园和子民，他手捧玉琮王，率领部落举行了一场盛大的祭祀祈福活动，于是出现了本文篇首的那一幕场景。在良渚，玉琮是沟通天地人神的礼器，蕴含着良渚先民的精神信仰。

15

[探访考古现场] 浙江良渚遗址

我们常说"中华上下五千年",那什么可以证实中国拥有如此悠久的历史呢? 直到我们发现了良渚遗址。良渚遗址位于杭州城北的余杭区,被证实距今 5300~4300 年,是中华五千年文明史的实证,已被列入世界遗产名录。

遗址概况

良渚遗址的核心区域是良渚古城,古城总面积约 300 万平方米,是一座功能明确的大型史前城市,王陵、宫殿、粮仓、祭坛、作坊、河道等一应俱全。

刻符黑陶罐
刻有 12 个连续的神秘符号

石犁
象征古老的农耕文明

玉璧
良渚文化起源

遗址文物

玉钺（yuè）
原为兵器,后为象征权力的礼器

神面纹琮
祭祀的礼器

嵌玉漆杯
工艺复杂的上等陶器

临水而居

　　良渚古城建在一片浅水沼泽上，这里发现了6座水城门。古城内外水道纵横，人们就居住在河道的两边，舟楫穿梭，茅屋相望。

房屋建筑

　　生活在5000年前的良渚人，他们居住的房屋是什么样的呢？良渚时期一个陶器器盖上刻画的符号告诉我们，良渚人的房屋立面较矮，坡顶低垂，屋顶覆盖茅草。

玉器工艺

　　玉器是良渚文化的代表，良渚遗址中出土了大量精美的玉器，说明良渚玉工的手艺非常高超。

劳动分工

　　城内没有发现稻田遗迹，稻田都在良渚城外，说明当时的劳动分工已经很成熟。农民生活在城外，贵族和手工艺者生活在城内。

种植水稻

　　良渚人吃啥？考古工作者在良渚遗址的宫殿区发现了大量的碳化稻米。可见良渚人以稻米为主食，也有猪、鹿等丰富的肉类食物。

夏商西周

卷

走过石器时代，我们就来到了青铜时代。夏商西周时期是青铜器广泛应用以及青铜艺术发展的鼎盛时期。

夏朝始有青铜容器和兵器，这一时期的绿松石器也非常精美。

商中期，青铜器品种已很丰富，出现了铭文和精细的花纹。商王凡遇大事小事都要占卜，并把占卜事由和结果刻在兽骨或龟甲上，由此留下了中国最早的成熟文字——甲骨文。

商晚期至西周早期，是青铜器发展的巅峰时期，器型多样，铭文逐渐加长，花纹繁缛（rù）富丽。

在夏商西周王朝的同时期，从中原往西南，越过秦岭，在成都平原上，人们还发现了古蜀国的遗址，这里出土了众多光怪陆离、造型奇特的青铜器，令人惊叹不已。

不过，青铜器一般都是王公贵族所用，多与饮食和祭祀有关，后来逐渐发展为礼器，成为身份地位乃至国家权力的象征。

不错，很气派！

xiāng qiàn
镶嵌绿松石兽面铜牌饰

工艺　　辅材　　造型　　主材　　用途

　　夏朝是中国最早的王朝，但是目前还没有发现像商朝的甲骨文那样明确的文字记载，所以常有人质疑，夏王朝真的存在吗？

　　后来，人们在河南发现了二里头遗址，通常认为这里就是夏王朝的都城遗址。

　　二里头遗址出土的器物色彩绚丽、纹饰精美，是夏王朝文明的实物见证，镶嵌绿松石兽面铜牌饰就是其中最具特色的代表器物之一。

　　青铜框衬上，300多块绿松石紧密排列，历经3000多年，无一松动脱落，其上铸兽面纹，神兽目光如炬，似乎在向我们诉说着中国最早王朝的悠悠往事。

21

国宝
鉴赏

巴掌大的镶嵌绿松石兽面铜牌饰上，镶嵌了数百片细小的绿松石，历经3000多年，纹丝不动，集高超的铸造与镶嵌工艺于一身，令人赞叹。

整体呈盾牌形

宽9.8厘米

宽月眉

青玉眼睛

头部

长14.2厘米

圆形穿孔
（4个）

身体和四肢

表面镶着数百块绿松石

1 具体用途众说纷纭

镶嵌绿松石兽面铜牌饰出土时安放在墓主人胸前，其两侧各有两个穿孔的铜纽，当时有可能缀于上衣之上。对于铜牌饰的功能，人们有不同的看法。

有学者认为这是巫师作法时，用来沟通神力的法器；也有学者认为是一种特殊配饰，是尊贵身份的象征。二里头共出土三件铜牌饰，均伴有铜铃出土，所以镶嵌绿松石兽面铜牌饰与铜铃很可能是一种固定搭配。

2 开镶嵌工艺之先河

在镶嵌绿松石兽面铜牌饰出土前，史学界一直认为，中国成熟的镶嵌工艺出现在春秋战国时期。

而从这件铜牌饰来看，早在夏朝，镶嵌工艺就已相当成熟，成为一门独立艺术——青铜镶嵌艺术。据此推测，在原始社会时，镶嵌工艺便已开始萌芽。另外，二里头遗址出土的铜牌饰均有兽面纹图案，这也开了青铜器上饰兽面纹的先河。

难怪考古界表示，它是史前兽面纹到商周饕餮纹的中介和传承。此文物的发现，将中国镶嵌工艺的出现时间提前了一两千年。

3 夏代遗宝三兄弟

镶嵌绿松石兽面铜牌饰1981年出土于河南偃（yǎn）师二里头遗址，后来，二里头遗址又出土了两件形制相近的绿松石铜牌饰。不过三件铜牌饰的纹饰却截然不同，第二件铜牌饰纹饰面部有鼻梁的形状，而第三件铜牌饰纹饰面部则有胡须的形状。从这些铜牌饰来看，夏朝镶嵌工艺已相当成熟，"三兄弟"为代表作。

我是老大，出土于1981年，我有强健的四肢。

我是老二，出土于1984年，我有高高的鼻梁。

我是老三，出土于1987年，我有漂亮的胡须。

[探访考古现场] 河南二里头遗址

"大禹治水""少康中兴"是美丽的传说还是真实的历史？夏朝是否真的存在？

1959年，71岁高龄的著名古史学家徐旭生从北京出发，到河南、山西一带寻找夏文化遗迹，后在河南洛阳偃师的二里头村发现了一处古代都邑的遗址，即二里头遗址。

不过，目前还没有发现确切的文字记载证明这里是夏朝的遗址。科学家通过技术测定，发现二里头遗址的存在时间约为公元前1800年至前1500年，距今约3800~3500年，这个时间段属于夏晚期至商早期。

遗址概况

古伊洛河北岸的高地上，高高的城墙内是沿中轴对称的恢宏宫殿建筑群，宫殿下埋有陶质水管组装连接起来的下水道系统。城墙外的井字形大道上，不时有双轮车往来穿梭。不远处还有重兵把守的官营手工业作坊区，里面是掌握着王国"高科技秘密"的青铜器、绿松石器作坊。

乳钉纹青铜爵
迄今中国发现的最早的完整青铜酒器之一

绿松石龙形器
由2000多片绿松石组成。它的发现，证明早在夏朝，先民们已经把龙作为图腾来崇拜

绿松石铜牌饰
二里头时期铸造工艺与镶嵌工艺结合的代表

遗址文物

陶堆塑龙纹透底器
底部中间有孔，被认为是一种古乐器

带翼青铜铃
中国最早出现的有舌青铜乐器

玉戈
一种仪仗器，始见于二里头文化

中国最早的"紫禁城"

根据二里头发现的宫殿及宫墙基址，可以知道这里是一座精密、复杂而繁华的大都城。中心区是最早的带有中轴线布局的宫殿建筑群，四周由宫城城墙围起，虽然面积只有明清紫禁城的七分之一，却是中国古代宫城的鼻祖。

最早的官营手工作坊

二里头遗址出土的器物色彩绚丽、纹饰精美，得益于技术先进的官营手工业作坊。考古人员在宫城遗址南部发现了一系列手工业作坊，有铸铜作坊、制骨作坊、绿松石作坊、制陶作坊等。

最早的井字形大道

二里头遗址还挖掘出了中国最早的井字形大道，大道最宽处达 20 米，相当于现代公路四车道。在井字形大道上还发现了双轮车辙痕，说明那时人们已经会使用双轮车了。

国宝5 甲骨 "王为殷卜" 龟甲刻辞

馆藏点 中国国家博物馆

占卜主题　材质　刻字记录

商朝时期，占卜之风盛行。

王室贵族大到征战、狩猎，小到疾病、梦境，都要占卜以问凶吉，然后将占卜的事由和结果用刀刻在龟甲或兽骨上，这些契刻在龟甲或兽骨上的文字，被称为甲骨文。

商朝灭亡后，商朝的都城殷都成为一片废墟，商朝的甲骨也随之被埋没于地下。3000多年后，众多甲骨破土而出，"诉说"着湮没在历史尘埃中的古商朝往事。

大王，看占卜意思是大将军凶多吉少呀……

后来是谁第一个发现了甲骨文？商代甲骨文长什么样？它又是如何制作、被记叙的呢？我们通过这片收藏于中国国家博物馆的"王为般卜"龟甲刻辞来了解一下。

国宝鉴赏

"王为般卜"龟甲刻辞保存完整，可以让我们一睹殷商时期甲骨文的真实面貌，并了解甲骨文的选料、制作、记叙等具体内容。

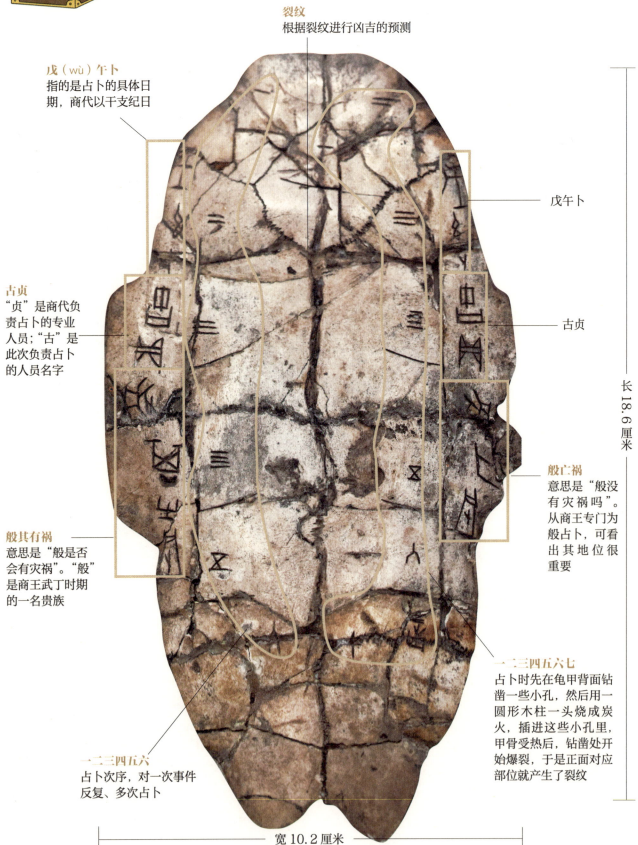

裂纹
根据裂纹进行凶吉的预测

戊（wù）午卜
指的是占卜的具体日期，商代以干支纪日

古贞
"贞"是商代负责占卜的专业人员；"古"是此次负责占卜的人员名字

般其有祸
意思是"般是否会有灾祸"。"般"是商王武丁时期的一名贵族

一二三四五六
占卜次序，对一次事件反复、多次占卜

戊午卜

古贞

般亡祸
意思是"般没有灾祸吗"。从商王专门为般占卜，可看出其地位很重要

一二三四五六七
占卜时先在龟甲背面钻凿一些小孔，然后用一圆形木柱一头烧成炭火，插进这些小孔里，甲骨受热后，钻凿处开始爆裂，于是正面对应部位就产生了裂纹

长 18.6 厘米

宽 10.2 厘米

1 动物骨头价值大

在远古时代，身边可用的工具实在匮乏，人们在生产、生活中发现动物的骨头是个好东西。由于骨头比较硬，人们便把骨头改造成方便生产的器具，或者加工成生活用品和装饰品，或是作为神秘莫测的占卜工具，或是用骨头记录大事，等等。一些骨制品留存至今，为考古人员研究古人提供了极其宝贵的资源，比如龟甲刻辞。

2 王为殷卜求好运

某年夏天，商朝的北方边境外敌入侵，大将军殷骁勇善战，被派去平息战乱。数月后，商王武丁焦急等待，边境却无任何消息传来，是凶是吉，商王武丁决定看看神灵的指示。

于是，武丁叫来占卜官，让其问问神灵，殷是否有灾祸，一次、两次、三次……数次的结果都提示殷凶多吉少。于是商王一次次命占卜官重新占卜，终于这次结果显示，殷没有祸患，商王放心下来，命人将结果刻下来。

3 神奇的中药

19 世纪末，河南安阳小屯村的村民耕田时经常会翻出一些枯骨，这些骨头不利于耕种和庄稼生长，于是都被堆到了田间地头。

村中有一剃头匠叫李成，有年夏天他患了疥疮却没钱医治。他就捡了些枯骨搓成粉末涂在疥疮上，几次涂抹后，疥疮居然被治好了。李成喜出望外，他先是将枯骨收集起来拿到当地的药房

去卖，而后又把收集到的枯骨磨成粉末，分成小包，拿到各个庙会、集市上去叫卖。就这样，众多的枯骨走出小屯，走出安阳，来到了京师，在这里等待着它的有缘人。

4 甲骨文之父

1899 年深秋，北京国子监祭酒王懿（yì）荣病了，用了很多药都不见好。后来一位医术高深的老中医给他开了一剂药方，药方上有一味叫"龙骨"的中药。

王懿荣派人抓药回来后，意外发现"龙骨"碎片上有很多类似刀刻下的纹络。他猜测这种类似篆（zhuàn）文而又不认识的纹络很可能是上古之人留下的文字，于是他立刻派人去京城各大药店买回全部的刻字"龙骨"，加以细心研究，终于揭开了甲骨文之谜。后来我们称王懿荣为"甲骨文之父"。

[学点文物鉴赏] 甲骨文

甲骨文是商朝时期人们占卜记事时，刻在龟甲、兽骨上的文字，至今已有 3000 多年的历史，是目前所知道的中国最早的成熟文字。

甲骨占卜流程

1. **选材**：选取质地好的龟甲或兽骨。

2. **整治**：去掉甲骨上残存的肉渣，削锯打磨。

3. **钻凿**：在甲骨上进行钻凿。"钻"是用工具钻出圆形的凹槽，"凿"则是凿出枣核形凹槽。

4. **烧灼**：用一根烧热的树枝对甲骨进行灼烧，使之产生裂纹。

5. **占卜**：根据甲骨上的裂纹来判断吉凶。

6. **记录**：最后将占卜内容和结果刻在甲骨上。

甲骨文的材料

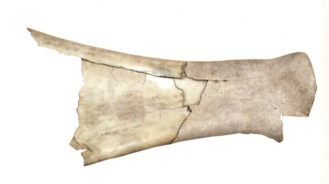

龟甲：又称卜甲，以乌龟的腹甲为主，也有少量背甲。所用的龟主要为海龟，一般来自诸侯国的进贡。

兽骨：又称卜骨，主要是黄牛的肩胛（jiǎ）骨，也有少量鹿骨、虎骨、犀牛骨等。所用的牛肩胛骨基本为本国所产。

认识甲骨文

象形字

人

日

指事字

上

下

会意字

林

从

形声字

河

沁

假借字

我

它

甲骨四堂

——中国近代四位研究甲骨文的著名学者

罗振玉：号雪堂，考识甲骨出土地。

王国维：号观堂，把甲骨文和历史一起对照研究，证明《史记》为信史。

董作宾：字彦堂，主持殷墟考古，提出甲骨文字分期。

郭沫若：字鼎堂，主编《甲骨文合集》。

著名学者陈子展教授在评价早期甲骨学家时写下"甲骨四堂，郭董罗王"的名句。

数说甲骨文

目前所知的甲骨总共约 15 万片
详细知道藏处的约 13 万片
其中约 11 万片保存在中国
另有约 2 万片流失到国外
目前发现的甲骨文单字约 5000 字
能够识读出的约 1500 字

商朝其他文字

我们常把甲骨文等同于商朝文字，这是因为它名气大，单字数量多。其实，在商朝，除了甲骨文，还有金文、简牍（dú）文字、陶文、玉石文。

国宝 **6**
青铜器

馆藏点
中国国家博物馆

后母戊鼎 ^(wù)

主人名　　　　器型名

你知道"一言九鼎"这个成语吗？

从字面意思看，一言九鼎说的是一句话的分量像九个鼎那样重。我们常用它来形容某人所说的话分量很重，能起到重大作用。你也许会问，到底什么是鼎？

鼎起初是用来煮食物的炊具，最早的鼎是用黏土烧制的，后来人们逐渐用青铜来铸造鼎。传说大禹铸九鼎以象征天下九州，于是鼎从炊具演变为国家权力的象征。后来，鼎又因用来烹煮祭祀（sì）给神的牲畜，而上升为祭祀礼器。

中国国家博物馆的镇馆之宝就是一尊商朝大鼎，它就是目前已知的中国古代最重的青铜器——后母戊鼎，可谓"国之重器"。

哇塞，竟然这么大呀。

国宝鉴赏

作为世界上最大的青铜礼器，后母戊鼎造型庄重、纹饰精美，充分体现了商代青铜铸造的宏大规模与超高的技术水平，也是中国青铜文明的典型代表。

两耳外侧

侧面

耳部

腹部 高 79.2 厘米

通高 133 厘米

足部

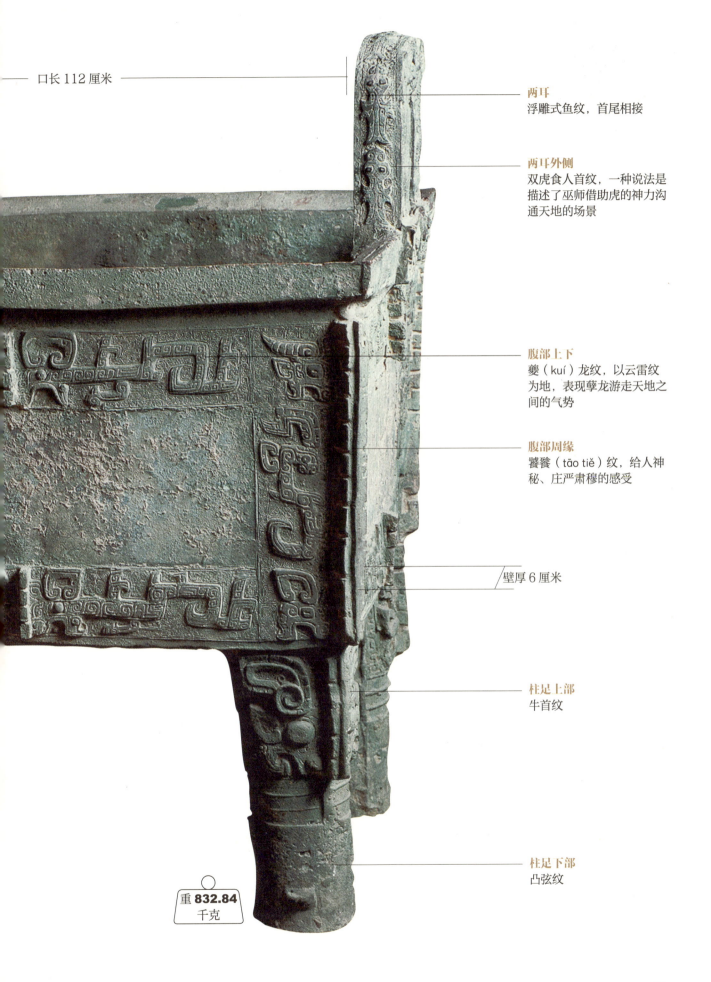

—— 口长 112 厘米 ——

两耳
浮雕式鱼纹，首尾相接

两耳外侧
双虎食人首纹，一种说法是
描述了巫师借助虎的神力沟
通天地的场景

腹部上下
夔（kuí）龙纹，以云雷纹
为地，表现孽龙游走天地之
间的气势

腹部周缘
饕餮（tāo tiě）纹，给人神
秘、庄严肃穆的感受

壁厚 6 厘米

柱足上部
牛首纹

柱足下部
凸弦纹

重 **832.84**
千克

国宝故事

1 商王为母铸巨鼎

大约 4000 年前的一天，商王祖庚格外思念已经过世的母亲，于是下令铸造一尊巨鼎献给母亲。

当时青铜的冶炼技术非常高超，不过这仍是一项艰巨无比的任务。因为商王要求的这个鼎实在太大了，所需金属原料至少在 1000 千克以上，而且必须有巨大的熔炉。最终，两三百个工匠同时工作、密切配合，才完成了这项艰巨的任务。

2 村民齐心挖宝物

随着朝代的更替，后母戊鼎被掩埋在了地下，等待着能发现它的有缘人。

商朝都城的遗址位于今天的河南省安阳市，因此安阳经常有人挖出宝物，探宝人不断。1939 年 3 月的一天，安阳武官村村民吴希增在地里盲目探宝。当他把探杆探到 10 多米深时，碰到了硬东西，挖出来一看，探杆头上带着铜锈，吴希增意识到可能发现了宝物。他先把这个消息告诉了堂弟吴培文。后来，他们找了几十个村民，大家齐心协力连挖了三个晚上，挖出一个铜锈斑斑的庞然大物，这便是震惊后世的后母戊鼎。

我是小小历史通

把"司母戊鼎"改名为"后母戊鼎"更合适。

我有新名字啦。

是"司"还是"后"

后母戊鼎一开始向世人展览的时候被称作"司母戊鼎"，后来为什么改名了呢？

原来人们研究发现商朝字体比较自由，可以正写也可以反写，"司"和"后"字形相同，"司"反过来写就是"后"，但两者意思却不一样。"司"是"祭祀"的意思，而"后"是"伟大，受人尊敬"的意思。大部分学者认为"后母戊"的命名要优于"司母戊"，意思相当于将此鼎献给"敬爱的母亲戊"。所以就这样改名啦。

你认为这个字是"司"还是"后"？

3 商人高价买大鼎

大鼎出土的消息很快就传了出去。当时的安阳早已被日军占领，为了防止大鼎被日本人抢走，吴培文等人决定把大鼎卖给中国的古董商人。

大古董商肖寅卿专程从北平赶来，并出价20万现大洋（相当于现在2000万元人民币）收购大鼎，不过他要求将大鼎进行分割以方便带走。受到金钱的诱惑，村民们开始分割大鼎，用锯条锯，用铁锤砸，但大家不忍心，经过商量，决定将大鼎掩埋在地下，保护起来。

4 机智躲避日本人

后来，日本人也得到了大鼎的消息，并连续派兵到吴家搜宝。为了保护大鼎，吴培文等人几次转移埋藏地点，他们还特意找来一个相似的青铜器，用布包了几层藏在床下。几天后日本人又来搜查，把藏在床底的赝品当成宝贝带走了。

吴培文深知日本人不会善罢甘休，选择了背井离乡，直到抗日战争胜利后才回到安阳。后母戊鼎让吴培文饱受颠沛流离之苦，但老人一直觉得，保护大鼎使之没有落在日本人手中，是他一生中做的最有意义的事情。正是有像他这样一群奋不顾身保护文物的人，我们才能看到如此厚重的国家宝藏。

妇好鸮尊

馆藏点
中国国家博物馆
河南博物院

主人名

猫头鹰
器型

盛酒器

妇好愿亲赴战场，为大王排忧解难。

商

你知道中国历史上第一位女将军是谁吗？她就是商朝君主武丁的妻子——妇好。

妇好曾参与国家大事，主持祭祀，还带兵征伐过其他国家，是一位文武双全的女将军，因此深受商王武丁的宠爱。妇好去世后，武丁没有把她埋葬在王陵区，而是埋在了皇室的宫殿区，这使得妇好墓成为殷墟唯一保存完整的商朝王室墓葬。

1976年，妇好墓被发现，墓中出土了近2000件文物，其中妇好鸮尊备受瞩目。

有人说，它是一只爱喝酒的猫头鹰；也有人说，它看起来像一只蹲着的狗。它的身上有着怎样的故事？又为何会出现在一位女将军的墓中呢？让我们一起来了解这件有些"呆萌"的文物吧！

战场凶险，一定要保护好自己。

我也要为王后祈祷。

国宝
鉴赏

妇好鸮尊是中国目前发现最早的鸟形铜尊，它不仅造型生动，而且纹饰繁缛，代表了商朝晚期青铜器的较高水平。

口长 16.4 厘米

宽嘴　　圆眼

头上立着两个高冠

高冠后站立着一只
小鸮鸟

小鸮鸟后跟着一只
小夔（kuí）龙

小耳

把手
弯曲变形的鸮鸟

双翅并拢

尾部
宽大、下垂，同两
足形成三角形的支
撑点

盖高 13.4 厘米

头部 微微昂起

通高 46.9 厘米

胸部 略外突

足部 高 13.2 厘米

重 16 千克

击而必中的本领，所以商朝人就把它奉为战神。鸮与商有着不解之缘，这也是妇好墓会随葬鸮尊的原因。

1 传奇女将军

妇好是商王武丁的王后，也是甲骨文中记载的中国最早的女将军。

某年，商朝的北方边境发生战争，双方僵持不下。妇好为王分忧，主动请缨，武丁犹豫很久，最后才决定让王后出征。妇好不负所望，很快击败敌人，取得了胜利，令武丁对她刮目相看。此后，妇好经常领兵征伐四方，并多次大获全胜。据甲骨文记载，在最大的一次战争中，妇好领兵多达 1.3 万人。商王武丁赏给妇好封地，还允许她有自己的军队。

贵为王后，又能带兵打仗，怪不得人们都称妇好为传奇女将军呢。

2 商朝的爱鸟

妇好鸮尊外形看起来是一只昂首挺胸的鸮，即猫头鹰，仿佛一名打了胜仗的战士。在《诗经》中有这样的记载："天命玄鸟，降而生商。"商朝人认为自己的祖先是玄鸟的化身，玄鸟或许就是指猫头鹰。此外，猫头鹰还有昼伏夜出的习性，

3 商代酒文化

你知道妇好鸮尊是用来做什么的吗？"尊"是古代的盛酒器具，所以从名字就可以看出妇好鸮尊是用来盛酒的。

商朝农业发展迅速，积累了大量的粮食，多余的粮食便会用来酿酒，因此酒是商代人很喜欢的饮品。再加上商朝祭祀之风盛行，祭祀活动中，酒是不可或缺的神圣之物。妇好的墓中就出土了一定数量的盛酒、饮酒的青铜器。

4 我可不是"独生子"

实际上，妇好鸮尊出土时共有两件，对啦，它们是双胞胎。兄弟俩应该分别属于商王武丁和王后妇好。可以想象，武丁和妇好一起饮酒、聊天、讨论国家大事，这对鸮尊见证了他们的爱情故事。

不过，出土后，两件妇好鸮尊却分居两地，一件被收藏于中国国家博物馆，另一件成了河南博物院的镇院之宝。

[探访考古现场] 河南殷墟

　　3300 多年前的一天，商代的第 20 位国王盘庚带领他的臣民，将都城从山东曲阜一带的"奄"搬迁到土地肥沃的"殷"地，即现在的河南安阳洹（huán）河一带。武王伐纣，商朝灭亡，殷都逐渐成为废墟被埋入地下，后人称"殷墟"。

　　殷墟是中国历史上第一个有文献可考并为甲骨文记载和考古发掘所证实的都城遗址，因出土甲骨文和众多精美的青铜器而闻名于世，被列入世界遗产名录。

遗址概况

墓葬名称	墓葬内容
殷墟王陵遗址	M260 大墓：中国古代最重的青铜器——后母戊鼎的出土地 M1567 大墓：唯一未完工的大墓，学者推测此墓的主人为商纣王 M1217 大墓：规模最大、墓道最长的大墓，随葬品丰富 M1004 大墓：出土器物最多的一座大墓 M1001 大墓：时代较早的大墓，有学者认为是商王武丁的陵墓
宫殿宗庙遗址	妇好墓：唯一保存完整的商代王室成员墓葬 YH127 甲骨窖穴：出土刻辞甲骨 1.7 万余片，被誉为中国古代最早的档案库

后母戊鼎
目前已知中国古代最重的
青铜器

妇好三联甗（yǎn）
商代大型炊具，可以同
时蒸煮几种食物

甲骨文
目前所知道的中国最早的
成熟文字

遗址文物

虎纹石磬（qìng）
前殷墟出土乐器
中最大的一件

跪坐玉人
造型独特、做工精美，
是了解殷商衣饰的珍
贵文物

亚长青铜牛尊
牛形青铜酒器，通体遍饰 20 多种
动物纹饰

遗址私语

商人爱饮酒

　　殷墟出土青铜器中，有很多是酒器，所以商人应该十分喜欢饮酒。

商王住在"四合院"中

　　根据殷墟发现的凹字形建筑基址，学者们推测商王住的宫殿应该是四合院式的。

小米为主食

　　借助考古发现和破译的甲骨文，我们现在可以确定商人的主食是小米。

商朝已经有了马车

　　商朝已经有了马车，殷墟宫殿宗庙遗址发现的车马坑，是中国考古中发现的最早的畜力车实物标本。

铸铜作坊火花飞溅

　　殷墟还发现了很多铸铜遗址，再加上出土的众多青铜器，可以想象那时铸铜作坊火花飞溅的场景。

青铜大立人像

材质　　　　　造型

哩呀呀
哟……

相传，很久很久以前，在四川盆地存在着一个神秘的古国——蜀国，几位具有传奇色彩的古蜀王曾在这里治理他们的子民。

大诗人李白在《蜀道难》中这样写道："蚕丛及鱼凫（fú），开国何茫然！"意思是"蚕丛和鱼凫建立了蜀国，开国的年代实在久远无法详谈"。其中蚕丛、鱼凫都是传说中的古蜀王。

那么古蜀国真的存在吗？它又是如何建立起来的？蚕丛、鱼凫确有其人吗？史料的记载寥寥无几，直到人们在这里发现了三星堆遗址。

三星堆考古工作仍在继续发掘中，随着一件件精美奇特或出人意料的文物出土，我们对三星堆仍充满期待，或许它也在等着你去发现更多未知。

国宝鉴赏

青铜大立人像是现存最高、最完整的青铜立人像，被誉为"世界铜像之王"。

头饰
头戴莲花状的兽面纹和回字纹高冠

双臂
作怀抱状，两手虚握

面部
粗眉大眼，鼻棱突出，薄唇，两耳下垂各有一穿孔

衣物
身着镂有龙纹、鸟纹、虫纹和目纹的华丽外衣

身体
颈部细长，右手上举，置于鼻前，左手举起与胸部同高，两手环握中空

底座
赤足站立于方形怪兽座上

重 **180** 千克

人像高 182 厘米

262 厘米

国宝故事

1 铜料从哪儿来

三星堆出土的众多青铜器体型巨大，仅大立人像就重180千克，这么多的铜原料是从哪儿来的呢？经科学考古发现，三星堆出土青铜器的铜料具有高放射性，这种铜矿只有邻近的云南东北部才有。结合史料和传说，我们的故事就此展开。

春秋时期，在云南东北部的朱提，有一个拥有先进农耕技术的部落，部落的首领叫杜宇。此地还有一个拥有丰富铜矿的梁氏部落，两部落联姻结为同盟。

后来杜宇带领部族，在梁氏部落的帮助下，一路向北，赶走了古蜀国的国王鱼凫，成为新的蜀王。杜宇将先进的农耕技术在蜀地传播，还从朱提运来铜矿，铸造了震惊后世的青铜文物。

2 发型里的秘密

仔细观察青铜大立人的头部，你会发现大立人戴着高高的帽子，头发盘在头上，我们称之为"笄（jī）发"。在三星堆出土的其他青铜人像中，还有另外一种发型——辫发，即长长的辫子拖在脑后。不同的发型中隐藏着什么秘密吗？

青铜人像的姿态告诉了我们答案。梳着笄发

的青铜人像显得神秘庄重，似乎在从事祭祀活动，他们应该是掌握神权的巫师；而梳着辫发的青铜人像则安逸闲适很多，他们可能是王权的掌握者。

3 宗庙意外失火

考古学家发现，三星堆出土的大多数器物在埋葬前曾被焚烧过，到底发生了什么？

3000多年前的某个深夜，古蜀人被熊熊大火惊醒。他们跑出屋子，发现失火的是国都中央的宗庙。惊慌的人们纷纷赶去救火，大火渐渐熄灭，然而宗庙中的祭祀用品和用具已经遭到了不同程度的破坏，它们已经完全失去灵性。于是，人们在附近挖了两个大坑，将它们埋在了地下。

4 手中拿着什么

自青铜大立人像出土以来，有个问题被人们反复提及，它虚握的双手原本拿了什么东西？有人认为是玉琮，有人认为是权杖，还有人认为是象牙，虽然说法不一，但大家一致认为，如果大立人手里拿了东西的话，那一定不是件普通的东西。

后来人们发现，在三星堆出土的一个玉璋上，两排站着的小人，双手环握于胸前与大立人姿势相同，手里什么也没拿，所以又有人提出，大立人虚握于胸前的双手或许是祭祀仪式中的一个固定动作。关于这点你怎么看呢？

[探访考古现场] 四川三星堆遗址

　　大诗人李白曾感叹"蜀道难，难于上青天"，的确，四川盆地，群山环绕，古代出入盆地非常困难，地理上的隔绝使这片区域繁衍出了独具特色的文化，三星堆遗址向人们展示着这里独特的地域文明。

遗址概况

　　三星堆遗址被称为 20 世纪人类最伟大的考古发现之一，古遗址位于四川省广汉市鸭子河南岸，距今已有 5000~3000 年历史，是迄今在西南地区发现的文化内涵最丰富的古城、古国、古蜀文化遗址。

　　在古城北部的青关山和月亮湾等地，是当时的大型宫殿建筑群所在；古城南部偏西的三星堆地点，则是神庙等宗教祭祀的场所；鸭子河畔分布着包括制造玉石器作坊在内的手工业工场；而在西城墙外的仁胜村一带，则是当时人们埋葬死者的范围广大的墓葬区。

金杖
已出土的中国同时期金器中体量最大的一件

纵目人面具
最早、最奇特的青铜人面具，被誉为"面具之王"

青铜大立人像
现存最高、最完整的青铜立人像，被誉为"世界铜像之王"

遗址文物

青铜神树
世界上迄今出土的青铜器中最大的一件

青铜鼓
三星堆礼乐器具

青铜太阳轮
学术界一般认为这是古人塑造的太阳，为古人礼器

高度发达的青铜文化

三星堆遗址出土了众多光怪陆离、造型奇特的青铜器，有高2.62米的青铜大立人，有宽1.38米的青铜面具，更有高达3.95米的青铜神树，说明当时的古蜀国拥有高度发达的青铜文化。

长江文明之源

三星堆古遗址昭示了长江流域与黄河流域一样，同属中华文明的母体，被誉为"长江文明之源"。

古文明之间的交流

三星堆出土了5000多枚印度洋海贝，说明三星堆时期的古蜀人已经走出盆地，与外界进行文化交流。

人性的光辉

代表商朝文化的殷墟中发现了大量殉葬者，而三星堆遗址的祭祀坑中，没有发现兵器和用于祭祀的人和牲畜，或许那时的古蜀人已散发着超越时代的人性光辉。

春秋
战国
卷

　　春秋时期，周王室权威衰落，日益强大的诸侯国之间战争不断，因此这一时期青铜武器有着飞跃式的发展，主要盛行戈、矛、戟、剑，越王勾践剑是其中的代表。

　　伴随着周王室的衰落，等级森严的礼乐制度也遭到破坏。到了战国时期，各诸侯、卿大夫僭（jiàn）用礼乐的现象已十分普遍。所以在一个名不见经传的诸侯国国君曾侯乙墓中，随葬巨大的青铜编钟也就可以合理解释了。

　　想要在弱肉强食的时代生存下来，各诸侯国相继走上了变法图强的道路，先后有管仲改革、魏文侯变法、商鞅变法等，商鞅方升记录的就是秦国商鞅变法的历史事件。

　　到了战国末期，随着礼乐制度的进一步衰落，青铜礼乐器逐渐减少，日常生活用器迅速增加。随着铁器的广泛使用，青铜器逐渐被取代了。

　　铁器的应用，特别是铸铁农具的普遍推广，大大提高了农作物的产量。

国宝 9
青铜器

馆藏点
湖北省博物馆

越王勾践剑

主人名   器类

春秋战国时期，周天子的权威大不如前，各诸侯国为了争夺土地、人口等资源，上演了一幕幕争霸大战。

那时，人们已经熟练掌握了冶炼青铜的技术，各国国君为了彰显威风，竭力搜寻能工巧匠铸造利剑，无数传奇宝剑横空出世。

穿越历史的长河，越王勾践剑在无数宝剑中脱颖而出。它曾陪越王勾践卧薪尝胆，奋发图强，伴越王勾践登上霸主的宝座。它是乱世春秋的时代见证者，是当之无愧的"天下第一剑"。

53

国宝
鉴赏

越王勾践剑是最著名的中国冷兵器之一，它既承载了春秋战国时期的传奇历史，又集合了当时各种先进的青铜冶炼技术，是不可多得的国宝文物。

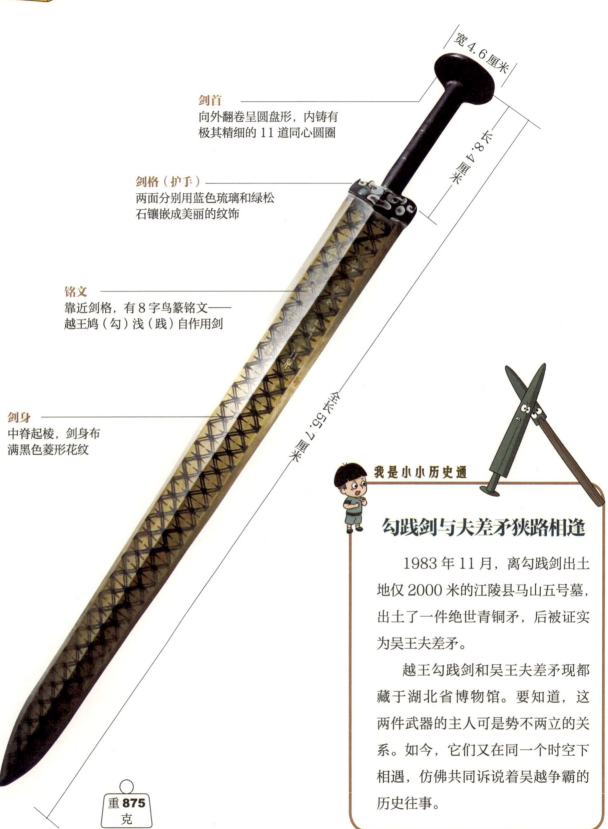

宽 4.6 厘米

长 8.4 厘米

全长 55.7 厘米

剑首
向外翻卷呈圆盘形，内铸有极其精细的 11 道同心圆圈

剑格（护手）
两面分别用蓝色琉璃和绿松石镶嵌成美丽的纹饰

铭文
靠近剑格，有 8 字鸟篆铭文——越王鸠（勾）浅（践）自作用剑

剑身
中脊起棱，剑身布满黑色菱形花纹

重 875 克

我是小小历史通

勾践剑与夫差矛狭路相逢

1983 年 11 月，离勾践剑出土地仅 2000 米的江陵县马山五号墓，出土了一件绝世青铜矛，后被证实为吴王夫差矛。

越王勾践剑和吴王夫差矛现都藏于湖北省博物馆。要知道，这两件武器的主人可是势不两立的关系。如今，它们又在同一个时空下相遇，仿佛共同诉说着吴越争霸的历史往事。

国宝

故事

1 卧薪尝胆

公元前494年，越国和吴国交战，越国大败。为了求和，越王勾践到吴国做人质，为吴王夫差驾车养马。就这样过了三年，夫差认为勾践是真心归顺，便放他回国了。

回国之后，勾践立志报仇，他在大臣的辅佐下改革国政、振兴经济。白天，他与百姓一起下田耕种，晚上就睡在柴草上。为了提醒自己勿忘耻辱，他还在屋里挂了一只苦胆，每顿饭前总要先尝尝它的苦味。

20年后，越国转弱为强，灭掉了吴国，越王勾践成为春秋时期最后一任霸主。

2 不锈之谜

越王勾践剑出土时已深埋地下2400多年，却依旧锋利无比，毫无锈迹，20多层白纸一划即破，实在令人惊讶。科学家对其进行研究后大致确定了两个因素。

一方面，越王勾践剑出土的墓葬密封性很好，再加上宝剑本身带着剑鞘，较好地隔绝了空气；另一方面，越王勾践剑中铅含量很少，同墓葬中铅含量高的文物都腐蚀严重。

3 铸造之谜

越王勾践剑历经千年依旧锋利无比，那么，是谁铸造了这把传世名剑？

相传在浙闽边境上，有位铸剑高手叫欧冶子。

他听说越王勾践要报仇复国，就从家乡赶来为越王铸造宝剑。据说，欧冶子先后为越王勾践铸造了五把宝剑——湛卢、纯钧、胜邪、巨阙、鱼肠，而越王勾践剑与古籍上记载的纯钧剑非常相似，它的铸造者很可能就是欧冶子。

铸剑行业交流大会

网红　祖师爷　名家

干将　欧冶子　徐夫人

4 身世之谜

越王勾践剑是在湖北楚墓出土的，你可能会问：一把越王的剑为何会出现在楚墓中？

据史料记载，勾践曾把女儿许配给楚昭王，所以这把宝剑很可能是作为陪嫁品到了楚国。后来，楚王又把它赐给了某个贵族，最终成了这个贵族的陪葬品。也有人认为，是楚国灭越国时，将越王勾践剑作为战利品带回了楚国。

女儿，以后就让它陪着你了

曾侯乙编钟

国宝 10
青铜器

馆藏点
湖北省博物馆

国名　爵位　人名　器类

孩提时期，我们都喜欢敲敲打打的游戏，爸爸妈妈总是被吵得皱起眉头。

其实，敲打可以很吵，也可以很美。古人或许就是从敲敲打打中获得灵感，发明了打击乐器——钟。

传说钟创始于五帝时期，最早的钟是用陶土烧制的，商朝中晚期出现了青铜钟。后来，人们按照音调高低的次序把钟编成组，悬挂在木架上，用丁字形的木槌和长形的棒敲打铜钟演奏出美妙的乐曲，这就是编钟。

古代编钟多用于征战、祭祀等宫廷演奏，很少在民间流传。由65枚青铜钟组成的庞大乐器曾侯乙编钟，它宽广的音域与现代钢琴不相上下，令人不由感叹古人的智慧。

曾侯乙编钟是我国目前出土的保存最完好、铸造最精美、体积最大、数量最多、音域最广的一套编钟。2400多年前就有如此规模的乐器设备，并且全套钟十二音齐备，堪称世界音乐史上的奇迹。

甬钟
45件，分5组悬于中下层，体型较大，长柄，钟体遍饰细密精致浮雕式花纹，有较长的乐律铭文

钮钟
19件，分3组悬于钟架最上层，体型较小，铭文也较少，一般仅标注音名

1 唯一的外来钟

曾侯乙编钟由65枚青铜钟组成，其中只有1枚镈钟，钟上的铭文向我们讲述了它特殊的身世。

公元前506年，吴王伐楚，楚国大败。楚昭王逃到曾国，吴国向曾国提出以土地换取楚昭王。但曾国国君不顾吴国的威逼利诱，拒绝交出楚昭王。

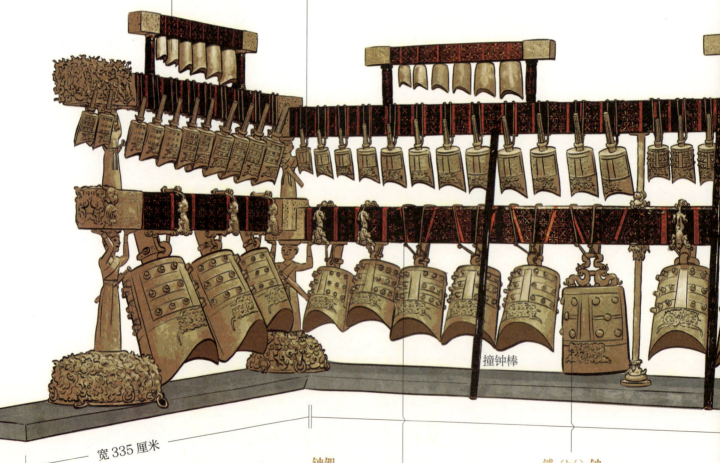

撞钟棒

宽 335 厘米

重 **4421** 千克

钟架
铜木结构，由两列三层漆绘木质横梁联结成曲尺形。中下层横梁各有三个佩剑铜人，以头、手托顶梁架，中部还有铜柱加固

镈（bó）钟
1件，悬于下层钟架中部，钟上铭文记载了楚惠王赠送镈钟祭奠曾侯乙的历史事件

公元前 433 年，曾侯乙去世，楚昭王之子楚惠王得知后非常伤心，特意制作了一枚镈钟送到曾国，祭奠曾侯乙。主持葬仪的官员拿掉编钟最下层居中的甬钟，换上了此镈钟，就构成了我们今天看到的曾侯乙编钟。

交出楚王，汉水以东就是曾国的了。

条件很诱人，但楚王不在我曾国呀。

2 演奏工具大揭秘

曾侯乙编钟出土后，人们都很好奇，这套有着千年历史的庞大乐器，它是怎样发出声音的呢？

与编钟一起出土了 6 个 T 字形击槌，很容易就能看出是较小钟的演奏工具，那下层巨大的甬钟该用什么去敲击呢？谁也不敢轻举妄动。与编钟同时出土的鸳鸯漆盒揭开了谜底，漆盒上的撞钟图描绘了编钟的演奏方法。人们才知道，原来斜靠在编钟上的两个大木棍不是支撑工具，而是编钟的演奏工具。

3 神奇的一钟双音

你玩过敲琴吗？每敲击一个琴键只能发出一个乐音。曾侯乙编钟的神奇之处就在于，每个钟可以发出两个不同的乐音，古人是如何做到的呢？

首先，编钟被设计成合瓦形，这样敲击正面和侧面就相当于敲击不同的板。然后，古代工匠通过改变钟内壁正面和侧面的厚度来调整音高。此外，他们还在钟内设置了"隧道"，在钟外增加钟枚（钟上突出的小疙瘩），这样可以加快声音衰减，就不会有叠音现象了。

高 273 厘米

长 748 厘米

铜套
钟架横梁两端皆有铜套，套上有浮雕及透雕龙纹或花瓣形纹饰

叮

当

[探访考古现场] 湖北曾侯乙墓

　　曾侯乙墓位于湖北随州城郊的擂鼓墩，提到它，我们第一个想到的一定是大名鼎鼎的曾侯乙编钟。其实，不止这套规模宏大的编钟，曾侯乙墓中共出土青铜器、漆器、玉器、金器、兵器、车马器、竹简等 1.5 万余件，其中有 8 件被定为国宝级文物，是一座名副其实的地下宫殿。

遗址地小档案

> 姓名：曾侯乙墓
> 年龄：2400 多岁
> 出生地：湖北随州
> 面积：220 多平方米
> 形制："卜"字形

曾侯乙头骨复原雕像

墓主人名片

> 姓名：姬乙
> 生卒年：约公元前 475—
> 　　　　前 433 年
> 出生地：曾国（也叫随国）
> 职业：诸侯国国君
> 爱好：音乐

遗址概况

北室
北室作为墓主的"储藏室"，有一对青铜缶（fǒu）及众多兵器戈、矛、柲（bì）、戟（jǐ）、杆等

西室
西室有 13 具女性棺具，而无生活衣、食、住、行的遗物

东室
东室放置有墓主之棺，陈设的随葬品是与生活起居相关的东西。殉有 8 个女性葬具。另有琴瑟、金器、漆器等陪葬物，东室的东西应该是墓主最爱之物

南北宽 16.5 米

东西长 21 米

中室
中室是曾侯乙生前地面"乐宫"的缩影，是墓主的音乐室、礼宾接待厅，内置大量青铜器，曾侯乙编钟、编磬、九鼎八簋（guǐ）均位于此室

曾侯乙墓内部结构

曾侯乙尊盘
盛酒器，共饰有84条龙，还有非常多的纹饰、透雕，极尽奢华

曾侯乙墓铜鉴缶
中国最早的"冰箱"

十六节龙凤玉佩饰
先秦时期玉雕工艺的登峰造极之作

遗址文物

曾侯乙云纹金盏
重2156克，是先秦时期最重的金器

彩漆鸳鸯形盒
造型独特，战国漆器的代表作

曾侯乙建鼓底座
演出中定节奏的鼓，底座由八对大龙和数十条纠结缠绕的小龙构成

遗址私语

曾国实力不弱

在曾侯乙墓出土文物的铭文中，"曾侯乙"三个字出现的频率极高，说明此墓葬的主人是曾国国君——乙。从出土的丰富文物中可以看出曾国国力不弱。

墓主热爱音乐

墓主曾侯乙应该是非常热爱音乐的，墓中不仅出土了规模宏大的编钟，还有数量众多的编磬、鼓、瑟、琴、笙等乐器。并且，此前出土的很多编钟，铭文记载的大都是编钟主人的生平事迹，但曾侯乙编钟上的铭文大部分都是乐理知识。

曾国之谜

曾侯乙墓的发现使曾国进入人们的视野，但奇怪的是，历史文献中，战国时期并没有出现曾国的诸侯国。那么曾国到底在哪里呢？

2009年随州文峰塔曾侯與（yǔ）墓被发现，出土的编钟铭文上记载，吴楚之战时，楚王逃到曾国。而《史记·楚世家》则记载楚王逃到了随国，由此可见，曾国便是历史上的随国。

商鞅方升
yāng

国宝 11
青铜器

上海博物馆
馆藏点

主人名 ｜ 形状 ｜ 测量器具

早上 7 点半起床，喝一杯 300 毫升的牛奶，步行 1500 米去上学，新的一天开始了。时间、容积、里程……你看，我们的生活时时刻刻都离不开计量。

在秦始皇还没有统一中国之前，中国由很多个诸侯国组成。那时，各国之间甚至本国内计量标准也不一致。

征税纳粮时，同样的 1 升米因各地度量有差别而民怨四起。在秦国实施变法的商鞅看到了这一点，他亲自督造了一批度量衡标准器，商鞅方升就是其中唯一幸存于世的一件。商鞅定此器的容量为 1 升，并规定，此后秦国的量器都以此为标准。

商鞅方升制作工艺不复杂，全身也没有任何纹饰，就是这样一件其貌不扬的青铜器，堪称秦国的传国之宝，从商鞅变法一直沿用到秦始皇统一中国后，意义非凡。

朴实无华、相貌平平的商鞅方升，从商鞅亲自督造到秦朝灭亡，前后实际使用经历了 130 多年，是商鞅变法目前唯一的实物例证。

左壁铭文

"十八年，齐率卿大夫众来聘，冬十二月乙酉，大良造鞅，爰积十六尊五分尊壹为升。"

意思是：秦孝公十八年（前 344 年），齐人率领多位卿大夫到秦国来访问，这年冬天的十二月乙酉这天，商鞅把十六又五分之一立方寸的容积规定为一升

"大良造"是商鞅在秦孝公时期主持变法所担任的官职，是当时秦国最高官职

中空柄

右壁铭文

"临"，地名，秦始皇时期方升使用地，在今河北邢台临城

重 **690** 克

长 12.5 厘米

1 启用商鞅

我的机会来了。

春秋战国时期，诸侯争霸。秦国起初是偏居西北的一个政治、经济、文化、军事等各方面都比较落后的诸侯国。

公元前 361 年，秦孝公即位。秦孝公是一个很有抱负的国君，他下定决心要改变秦国贫穷落后的现状，一即位便向天下寻求人才。听到这个消息，出身卫国的商鞅便怀着雄心壮志来到了秦国。商鞅面见秦孝公，并向他陈述了变法图强的道理，深受秦孝公的认同。秦孝公五年（前 356 年），商鞅被任命为左庶（shù）长，开始了他的变法，史称"商鞅变法"。

底部铭文
"廿六年，皇帝尽并兼天下诸侯，黔首大安，立号为皇帝，乃诏丞相状、绾，法度量则不壹嫌疑者，皆明壹之。"
意思是：秦始皇二十六年（前221年），秦国统一了天下，百姓安宁。秦始皇下诏书给丞相隗（kuí）状、王绾（wǎn），让他们部署统一全国的度量衡制度

柄对侧铭文
"重泉"，地名，秦国统一前这件方升的使用地，在今陕西蒲城

宽 7 厘米

202.15
立方厘米

深 2.3 厘米

我以为闹着玩儿呢，后悔啊！

商君真是令出必行呀！

3 统一度量衡

为什么看上去不起眼的商鞅方升能成为上海博物馆的镇馆之宝呢？因为它的身上封存着商鞅变法统一度量衡的历史。

统一度量衡是商鞅变法中至关重要的举措。度，用来计算长短；量，用来测定容积大小，所以商鞅方升也叫商鞅量；衡，则是测量轻重。统一度量衡给市场交易带来了公平，也确保了秦国能够得到合理的税收，进一步加快了秦国强盛的步伐。

2 立木为信

商鞅刚开始主持变法时，担心自己说话不够分量，无法使百姓信服，所以他叫人在都城南门的闹市竖起一根三丈高的木头，并当众许下诺言：谁能把这根木头搬到北门，赏金十两。

"这根木头谁都拿得动，哪儿用得着十两赏金？"围观的人议论纷纷，却没人肯出手一试。于是，商鞅将赏金提高到五十金。重赏之下必有勇夫，终于有人站出来将木头扛到了北门。商鞅立即赏了他五十金。商鞅利用这件事在百姓心中树立起了威信，使得新法顺利实施。

4 使用寿命

商鞅方升共有4处铭文，分两个时期所刻，根据铭文我们可以了解商鞅方升的大概使用寿命。

方升左壁铭文记录了商鞅方升开始使用的时间：秦孝公十八年（前344年）。底部铭文记录了秦始皇统一中国后，将商鞅方升的标准推行到全国，时间是：秦始皇二十六年（前221年）。由此可见，在此期间的123年，商鞅方升一直被使用，并且从一国的标准上升为天下的标准。

图书在版编目（CIP）数据

藏在博物馆里的国宝故事：全四册 / 知路童书著绘
. — 杭州 ：浙江人民出版社，2023.5
　ISBN 978-7-213-10998-0

　Ⅰ．①藏… Ⅱ．①知… Ⅲ．①文物 – 中国 – 通俗读物
Ⅳ．① K87-49

中国国家版本馆 CIP 数据核字（2023）第 038452 号

藏在博物馆里的
国宝故事

②

秦汉魏晋的
多彩文物

知路童书　著绘

浙江人民出版社

在历史的长河中
那些保存至今的文物，是历史的见证
向我们讲述曾经的精彩故事
（下图时间轴分四段，对应本套书四册的时间划分）

人面鱼纹彩陶盆

妇好鸮尊

曾侯乙编钟

石器时代

陶器的繁荣

夏

商

青铜器的繁荣

西周

周

春秋

战国

陶俑的繁荣

秦

漆器的繁荣

汉

三国

晋

画像砖的繁荣

南北朝

镶嵌绿松石兽面铜牌饰

长信宫灯

鸭形玻璃注

北魏木板漆画

镶金兽首玛瑙杯

顾闳中《韩熙载夜宴图》

春水玉带钩佩

金蝉玉叶

隋

金银器的繁荣

唐

书法的繁荣

五代

青瓷的繁荣

宋

绘画的繁荣

织锦的繁荣

元

明

家具的繁荣

彩瓷的繁荣

清

嵌珍珠宝石金项链

汝窑天蓝釉刻花鹅颈瓶

金瓯永固杯

前 言

我叫春宝，我和秋宝陪你"穿越"历史。

我叫秋宝，我会鉴宝，我是小小历史通。

我们的祖国，是一个有着 5000 年历史的文明古国。或许每个小学生都会背诵这句话。如何让这句话在孩子的头脑中鲜活、立体起来呢？文物是一个非常不错的切入点。

透过丰富多样的文物，我们可以回望久远的过去：我们从哪里来，我们的祖先长什么样子，他们过着怎样的生活。文物与文字不同，文字代表着记录者的思想，会有偏差，但文物不会说谎，它们承载着真实的历史。

令人遗憾的是，当我们去博物馆参观时，珍贵的文物往往躺在展示柜里，或是用隔离带围住，我们只能隔窗或远远观看。要让孩子对这些充满距离感的陈年古物提起兴趣，实在不太容易。再说，我们也很难带孩子跑遍全国所有博物馆，因此，对于很多国宝级文物，我们也难以一睹其风采。

为此，我们精心编写了这套《藏在博物馆里的国宝故事》。整套书按朝代分为 4 册，精选 46 件国家级文物。我们试图将它们从博物馆"搬"到孩子的面前，用讲故事的方式剥开文物的斑斑锈迹，为孩子推开认识中国历史文化的全新大门。

跨进这扇门，不仅可以聆听生动的故事，还可以了解众多文物背后的制作工艺，让孩子感知先人的智慧，进而激发他们探寻、保护文物，传承、创新文化的精神，感受中华文明的源远流长和博大精深。让我们和孩子一起，开启一场纸上博物馆之旅，来一次寻宝打卡吧。

目录

[秦朝卷]

国宝⑫符牌｜阳陵虎符　　　　　　　　　2

国宝⑬文献｜云梦睡虎地秦简　　　　　　6

国宝⑭青铜器｜秦始皇陵铜车马　　　　　12

探访考古现场｜陕西秦始皇陵　　　　　　16

[汉朝卷]

国宝⑮玉器｜刘胜金缕玉衣　　　　　　　20

国宝⑯青铜器｜长信宫灯　　　　　　　　24

学点文物鉴赏｜河北满城汉墓　　　　　　28

国宝⑰青铜器｜四牛鎏金骑士铜贮贝器　　30

学点文物鉴赏｜中国古代货币　　　　　　34

国宝⑱陶器｜击鼓说唱俑　　　　　　　　36

国宝⑲织绣｜直裾素纱禅衣　　　　　　　40

探访考古现场｜长沙马王堆汉墓　　　　　44

[魏晋南北朝卷]

国宝⑳砖瓦｜驿使图壁画砖　　　　　　　48

国宝㉑玻璃器｜鸭形玻璃注　　　　　　　52

国宝㉒砖瓦｜竹林七贤与荣启期印模砖画　57

国宝㉓漆器｜北魏木板漆画　　　　　　　60

秦朝

　　随着秦国一统天下，建立了中国历史上第一个统一的封建王朝——秦朝，500多年纷乱的春秋战国走到尽头，统一的多民族国家由此开始。

　　说到秦朝，除了史料中耳熟能详的统一六国大业、统一货币和度量衡、修筑长城之外，众多文物的出土，也证明了那个开创性王朝注定没那么简单。

　　每一件文物都在讲述着自己的故事。

　　秦始皇兵马俑通过几千件真人等高的陶俑，再现了2000多年前那支气吞山河的虎狼之师，也为后人研究秦军提供了重要参考，让我们知道横扫六国的秦军是何等英姿。

　　云梦睡虎地秦简对秦代官员的权责职能进行了详细记录，展示了官僚体制取代世袭制之后的国家政治体制与管理模式，让我们了解这个大一统的国家基层政权是如何运转的。

　　这些文物见证了秦帝国的崛起之路，同样也为这个短命的王朝埋下了伏笔。

领命！

　　回家进小区需要刷卡开门，想玩一下妈妈的手机需要先解锁，出门旅行要带上有密码锁的旅行箱。你看，密码学在我们生活中的应用可谓无处不在，它带给我们的是人身、财产、信息的安全。

　　早在2000多年前，为了国家的安全，统治者就发明了密码学的鼻祖——虎符。在没有科技加密手段的古代，君主就是靠虎符传达军令。

　　虎符分左右两半，统治者通常将左半虎符授予地方统兵将领，待要调动军队时，即派使者持右半虎符前往驻地。只有两半虎符严丝合缝，像钥匙与锁一样完好相合，才能发兵。

　　本篇介绍的是秦始皇统一中国后使用的阳陵虎符，别看它只有巴掌般大，却有着调动千军万马的大本事。它的身上还有哪些传奇故事，让我们一起看看吧。

阳陵虎符是秦始皇统一中国后颁发的虎符，左右两半保存完整，错金篆书铭文刚劲有力，对研究中国古代军事具有重要的意义。

长 8.9 厘米

耳朵上竖

头前伸

高 3.4 厘米

宽 2.1 厘米

尾巴上卷

青铜材质
铸成卧虎状

前后脚平蹲

错金篆书 12 字铭文：
"甲兵之符，右才（在）皇帝，左才（在）阳陵"

因年代久远，阳陵虎符对合处已生锈，左右不能分开了，真可惜呀。

我是小小历史通

调兵神器的演变

　　虎符最早出现于春秋战国时期，大多用青铜铸造。唐朝时，唐高祖李渊为了避讳爷爷李虎的名字，将虎符改成了鱼符。最开始的鱼符也是调兵遣将的工具，慢慢地，鱼符还成了身份的象征。到了武则天时，鱼符被改成龟符，正式成为身份高贵的象征，"金龟婿"一词就来源于此。南宋时，朝廷曾恢复使用虎符，但到了元朝改用虎头牌。此后历代兵符一直使用令牌的形式，直到最终退出历史舞台。

1 只认虎符不认人

在古代，君王必须牢牢掌握兵权，自己的王位才能坐得安稳。但需要调度军队的时候，君王又不可能亲临现场，而且那时通讯不发达，如果空口无凭说自己是君王派来的，奉命调兵，将士如何辨别真假呢？就这样，兵符应运而生。老虎是百兽之王，军事上也多以虎为尊，于是将这种兵符铸刻为虎形，因此又称其为"虎符"。

2 信陵君窃符救赵

春秋战国时期，有个关于虎符的经典故事。

战国末期，秦国吞并六国的战争进行得频繁而激烈。公元前257年，秦军围困赵国都城邯郸（hán dān）。赵国向近邻魏国求援。对魏国来说，唇亡齿寒，赵国一旦灭亡，魏国也将危在旦夕。但魏王害怕秦国报复，数次拒绝了增援赵国的请求。

面对如此形势，魏王的弟弟信陵君以国家利益为重，通过魏王姬妾如姬的帮助偷盗出魏王亲自掌握的半个虎符，假传王命，夺得兵权，然后率兵会同楚军一起解了邯郸之围，魏国也得以暂时安全。

3 制作工艺难仿造

信陵君为了救赵国，要去窃取虎符，你可能会问：他为什么不干脆找人仿制一个呢？有此疑问，说明你对虎符的制作工艺还不够了解。

虎符可调动千军万马，对一个国家来讲极为重要，因此，虎符都是由国家顶级工匠来制作的。虎符内含榫卯（sǔn mǎo）结构和各式阴阳纹刻，所用模型在制造完毕之后，就会被立即销毁，因此在当时仅凭铸造技艺几乎很难仿制得出来。

4 遗落地摊的国宝

阳陵虎符上有错金12字铭文"甲兵之符，右才（在）皇帝，左才（在）阳陵"。阳陵是秦时的郡名，而秦始皇在统一六国后才自称"皇帝"，由此推定此件虎符应该是秦始皇时期的用品，并被朝廷授予驻守阳陵的将领。关于它的发现，还有一个有趣的小故事。

喜欢逛古玩地摊的学者郭沫若曾在重庆居住过一段时间。有一天，他路过一个小摊，无意中看见一件造型古朴的铜老虎，觉得有些特别，便随手拿起来看。看到虎背上有铭文，中间有裂痕，对文物颇有研究的郭沫若意识到这可能是虎符，随即买了下来，后来证实他的判断是对的。

云梦睡虎地秦简

县名　　墓地名　　朝代　　竹简

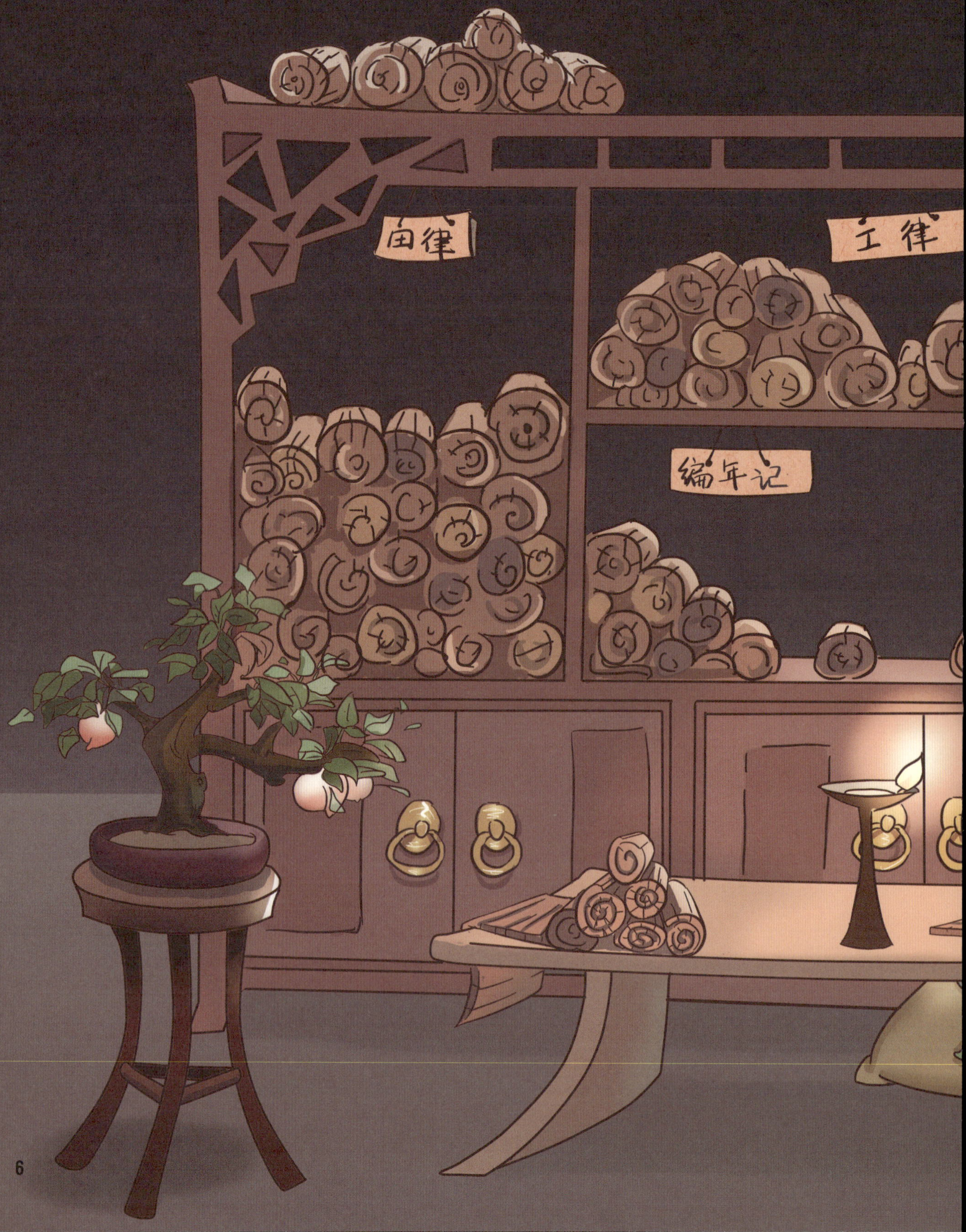

田律

工律

编年记

轰轰烈烈的秦末农民大起义动摇了秦朝的根基，紧接着便是亡国。都说秦朝短命是由于秦朝严苛的律法，秦律到底是什么样的呢？

秦国从秦孝公时开始实行商鞅变法，以法家治国，但时至今日，秦律早已失传，人们所能参考的只有古典文献中的只言片语，秦律的真实面貌我们不得而知，直到云梦睡虎地秦简被发现。

2000多年前，秦国一个叫"喜"的基层官吏，每天都在竹简上记录下他当天的工作内容，其中大部分都是关于秦代法律的，这就是我国迄今发现的最早最完备的法典条文——云梦睡虎地秦简。

翻开云梦睡虎地秦简，我们才知道，秦律非但不是我们想象中的严苛模样，反而有很多让人意想不到的规范条文。

这么多年，我已习惯了每天记录工作心得。

先生每晚都坚持做笔记，令人钦佩。

7

国宝鉴赏

云梦睡虎地秦简堪称秦王朝的百科全书，虽然每种律文不是全文均摘录，但对研究秦代政治、经济、军事和文化等方面，都有重要的价值。

每枚宽度 0.5~0.8 厘米

个数
共 1155 枚，残片 80 枚

字数
约 4 万字

高 23.1 ~ 27.8 厘米

《封诊式》竹简部分内容展示

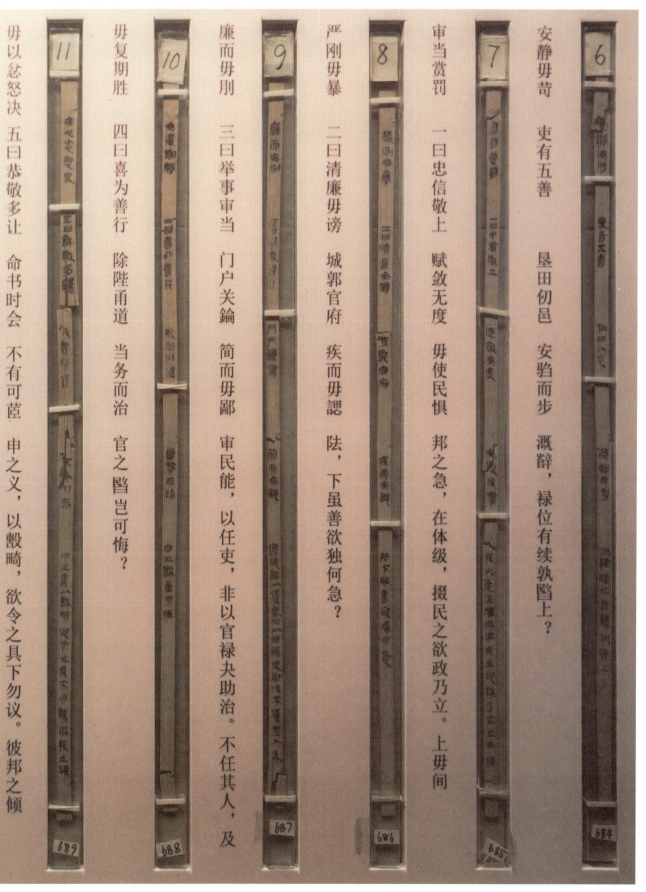

安静毋苛　吏有五善　垦田仞邑　安驺而步　溉辟，禄位有续孰訚上？

审当赏罚　一曰忠信敬上　赋敛无度　毋使民惧　邦之急，在体级，掇民之欲政乃立。上毋间

严刚毋暴　二曰清廉毋谤　城郭官府　疾而毋訾　陕，下虽善欲独何急？

廉而毋刖　三曰举事审当　门户关鑰　简而毋鄙　审民能，以任吏，非以官禄夬助治。不任其人，及

毋复期胜　四曰喜为善行　除陛甬道　当务而治　官之昏岂可悔？

毋以忿怒决　五曰恭敬多让　命书时会　不有可蒩　申之义，以毂畸，欲令之具下勿议。彼邦之倾

《为吏之道》竹简部分内容展示

云梦睡虎地秦简内容一览表

竹简标题	内容	备注
《秦律十八种》	由十八种不同类型的秦律组成	公元前359年，商鞅改"法"为"律"
《效律》	核验官府物资账目	/
《秦律杂抄》	根据应用需要摘录的一部分律文	/
《法律答问》	对法律条文的解释	以问答形式呈现
《封诊式》	补充法律条文的文书	"式"最早出现在秦国，指法律文书
《编年纪》	大多数内容是秦国对外的战争	含墓主喜的生平经历
《语书》	政府官员发布的告示	/
《为吏之道》	指导当官的如何依法办事	/
《日书》	分为甲、乙种，查询黄道吉日	/

国宝
故事

1 小人物记录大时代

秦昭襄王王四十五年（前262年），喜出生于秦国安陆县。后来喜走上仕途，先后做过御史、令史、狱吏等，大多是与刑法有关的基层职位。秦始皇三十年（前217年）喜去世，享年46岁。

在为官20多年里，做事认真的喜每天晚上借着微弱的烛光，手拿纤细的毛笔，在筷子粗的竹简上记下他当天的工作内容，并抄录相关法条。我们今天看到的云梦睡虎地秦简就是喜这样一笔笔写下的。

2 可别瞎凑热闹

喜为官时，常常穿便服到街上去体察民情。这天，他出门走到西街口时，发现前面围了一堆人，便叫随从前去看个究竟。随从回来报告说是有人在打架，其中一人已经受伤了。于是喜赶忙上前，一番论断后，喜表示打架者有罪，围观者也有罪。这是什么道理？

原来啊，当时秦律规定："有贼杀伤人冲术，偕旁人不援，百步中比野，当赀二甲。"大概意思就是，大庭广众之下有伤人情况发生，周围的人如果袖手旁观而不伸出援手，那么距离百步之内的人，都要接受惩罚，罚二甲（交两副甲的钱）。你们说说，秦律这条合理不？

我们好无辜呀。

《秦律十八种》内容一览表

律名	内容	律名	内容
《田律》	有关土地耕作和农业生产	《徭律》	有关征调百姓服徭役
《厩苑律》	有关牲畜放牧和饲养	《司空》	有关司空管理职务
《仓律》	有关仓库管理	《置吏律》	有关任用官吏
《金布律》	有关货币、财物	《效》	有关检核官府物资财产
《关市律》	有关管理税收职务	《军爵律》	有关军功爵的法律规定
《工律》	有关管理官营手工业	《传食律》	有关驿传供给饭食
《工人程》	有关官营手工生产定额	《内史杂》	有关掌治京师的内史职务
《均工》	有关调动手工业者	《尉杂》	有关廷尉职务
《行书》	有关文书运送	《属邦》	有关管理少数民族机构的法律规定

③ 里长冤枉吗

一天，喜正翻看秦律法典，来人报告说有人击鼓告状。于是，喜放下手中的案卷，走出书房去审案。来者名叫赵甲，说昨天有一个小偷进了他家，当时他高声呼救，却没有人来帮忙，于是他要状告邻居和里长。

待我查明实情，据我朝律法，不在家者不罚；在家装作没听到者，重罚；里长对邻里安全有责任，不管是否在家都要罚。

我们不在家啊！

④ 秦法真的很严苛吗

秦王嬴政统一中国后，自称始皇帝，希望秦王朝能千世万世地传下去。他绝对不会想到秦朝二世就亡了。究其原因，严酷的刑罚是绕不开的话题。真是这样吗？

通过研究云梦睡虎地秦简，人们有了不同的答案。对于审讯犯人，秦律规定：用文字准确地记录供词，不拷打而能得到实情最好，刑讯逼供是最差的做法；对于服兵役，家中有兄弟两人的，只能一人服兵役，家中是独生子的可以免除兵役。秦律中的很多条律在今天看来也是非常人性化的。

秦律规定，家中独子可以免兵役，你回去吧。

我叫王小二，我要去当兵，报效国家。

招兵处

秦始皇陵铜车马

主人名　　　陵墓　　　材质　　　陪葬品造型

周末出去玩，你会选择什么交通工具呢？是自行车、汽车，还是火车、飞机？在古代，人们如果想出远门，选择可没这么多，大多只能依靠马车代步。

秦始皇统一中国后，想向天下展现大秦的国威，于是他乘坐马车，先后五次巡游疆土。始皇帝的马车该有多么精美华丽，一直以来人们只能依靠想象，直到秦始皇陵两乘铜车马模型被发现：一辆叫立车，起警备开道的作用；一辆叫安车，是主人乘坐的。

秦始皇陵铜车马由 3000 多个零件组成，工艺精湛，即使穿越千年时光，依旧令人震撼。

这可是始皇帝的车，好好看路，别东张西望。

国宝鉴赏

秦始皇陵铜车马是目前中国发现的结构最复杂、体型最大的古代青铜器，被誉为"青铜之冠"。2000多年前的秦代工匠成功运用了铸造、焊接、镶嵌等各种工艺，令人叹为观止。

高杠铜伞
伞柄中空，暗藏利器

立姿御官俑
伞下站立，高91厘米

服马（中间两匹马）
拉车的主要动力

重 **1061** 千克

弩

一号立车
长 225 厘米
高 152 厘米

两乘车均为单辕、双轮、四马系驾，只有真车的一半大小

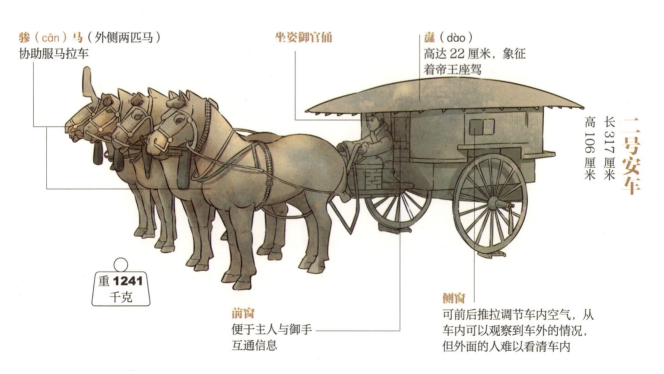

骖（cān）马（外侧两匹马）
协助服马拉车

坐姿御官俑

纛（dào）
高达22厘米，象征着帝王座驾

重 **1241** 千克

前窗
便于主人与御手互通信息

侧窗
可前后推拉调节车内空气，从车内可以观察到车外的情况，但外面的人难以看清车内

二号安车
长 317 厘米
高 106 厘米

1 修驰道方便出巡

在车同轨的第二年，秦始皇下令修筑驰道。驰道以秦朝的都城咸阳为中心，通往全国各地，可以说是当时的国道了。驰道宽50步（约60米），中间是皇帝的专用车道，两边供官民使用，道旁每隔一段距离就有松树和岗亭。

皇上别怕！看臣黑科技大伞！

总有刁民想害朕！

好！好！快把路修起来，朕要出巡。

2 修复后惊艳世界

秦始皇希望自己死后仍能指挥千军万马，享有天下，所以在他的陵墓中不仅有奇珍异宝，还有规模宏大的兵马俑和精美的铜车马。秦始皇陵铜车马刚出土时破碎严重，而且绝大部分部件已经变形，文物修复人员经过八年的努力，才将它们完整地展现在世人面前，惊艳了全世界。

3 这大伞暗藏玄机

秦始皇陵铜车马目前共出土两乘，二号车为安车，车上罩了一个穹隆式的篷盖，就像龟甲一样。车窗可调节，隐秘性很强。据说，秦始皇出巡天下时乘坐的就是这种车。一号立车位于前面，起警卫保护作用，所以车上配有铜弩（nǔ）、铜盾、铜箭镞（zú）等兵器。车上的那把大伞除了有遮阳和避雨的作用，还另藏玄机。大伞的伞柄中空，内藏暗器，伞盖与伞柄可拆分，分开之后，这把大伞就变成了一把矛和一面盾牌。伞盖可以防御敌人，伞柄可以攻击敌人。

4 差点儿死在车子里

驰道修好后，秦始皇就想着广游天下，亲眼看看自己打下的江山。秦始皇在位的11年间，曾五次大规模巡游。据史料记载，秦始皇出巡的车队共有81辆，一路上浩浩荡荡，威风凛凛。

第三次出巡期间，秦始皇差点儿被刺杀。那次，车队东巡到一个叫博浪沙的地方，遇到风沙走石的恶劣天气，事先埋伏好的大力士刺客扔出一个30千克重的大铁锤，砸向始皇的车子，因风沙弥漫，视线不好，铁锤最终砸毁了副车，始皇逃过一劫。

今天，我们只能通过出土的铜车马遥想当年始皇经历的险情了。

[探访考古现场] 陕西秦始皇陵

　　我国历史上第一位皇帝——秦始皇就埋葬在西安东部的骊山脚下。据史书记载，秦王嬴政从13岁即位后，就开始为自己修陵造墓，直至他去世都未能完全竣工，前后营建达37年之久。

遗址概况

　　秦始皇陵目前已探测出的面积相当于78个故宫的大小，可见其规模之宏大。目前，遗址主要发掘有秦始皇陵封土堆、兵马俑坑、铜车马坑、秦百戏俑坑、青铜水禽坑等陪葬墓坑。其中兵马俑坑最为壮观。

秦百戏俑
上身赤裸，腰系短裙，出土都遗失了头部，为秦代宫廷娱乐生活中的杂要人员

青铜水禽
有青铜鹤、天鹅、鸿雁等水禽造型，形态各异、惟妙惟肖

兵马俑
8000多件各种造型的兵马俑，规模宏大，有"世界八大奇迹之一"的美誉

遗址文物

铜车马
按照秦始皇御用马车模样制造，工艺极为复杂，被称为"青铜之冠"

秦铜权
秦代统一度量衡的产物，用于称重计量

石铠甲
纯手工打造的秦军石质铠甲，前甲护胸，后甲护背

未被打开的皇陵地宫

　　秦始皇就埋葬在这个封土堆下面的地宫里，据《史记》记载，地宫里含有大量水银及暗器机关设置，考虑到安全因素及当前文物保护技术还不成熟，地宫至今未被打开。

金字名片兵马俑

　　入选世界文化遗产的秦兵马俑以其巨大的规模、威武的场面和高超的艺术水平，令人惊叹不已。它已成为中国古代辉煌文明的一张金字名片。

兵马俑原先是彩色的

　　你知道吗？其实兵马俑原先是彩色的。制作俑的时候，其表面都绘有彩绘，出土后在空气的氧化作用下，彩绘挥发或剥落，这便是今天我们看到的土灰色俑。

兵马俑身上有人名

　　兵俑身上刻有一些汉字，这其实是秦朝制作兵俑的工匠之名。在当时，工匠制作的物件都要刻上自己的姓名，方便以后检查和验收，落实责任制。

汉朝

卷

　　人们常说"秦砖汉瓦"，这个词可不能仅仅理解为是在讲秦朝的砖和汉朝的瓦哦。

　　秦朝用砖石建造了长城这样的庞大建筑，汉朝用瓦当定格了中华传统文化风格的古建筑，它们代表了这一时期建筑装饰的辉煌和鼎盛，也象征着中华文化的博大精深。

　　如果说，秦文物向世人展示了它的"宏大"，那么两汉文物则是"精致"。

　　秦汉时期，人们常用动物油脂作为燃料照明，这种材料不容易充分燃烧，会产生大量烟尘。为了改善生活环境，汉代的能工巧匠发明了最早的环保灯具——长信宫灯，如此伟大的创新在今天看来依然了不得。

　　随着社会的稳定，两汉陆续"冒"出的精致物品越来越丰富，让人目不暇接。如，满城汉墓的金缕玉衣、长沙马王堆汉墓的 T 形帛画、南昌海昏侯墓的马蹄金、武威雷台汉墓的铜奔马……

"在下刘备，中山靖王刘胜之后，孝景皇帝阁下玄孙。"《三国演义》里刘备这样作自我介绍。

这个中山靖王刘胜是谁呢？答案是汉武帝刘彻的异母哥哥，被父亲汉景帝封为中山王。刘胜这个人一生碌碌无为，在史书上没有留下半点伟绩，不过他墓中的一件陪葬品却让他的名字不断被今人提起，这件陪葬品便是金缕玉衣。

金缕玉衣是汉代规格最高的丧葬殓（liàn）服，当时人们十分迷信玉能够保持尸骨不朽。刘胜金缕玉衣是我国发现最早、最完整的玉衣，因而最为有名。

21

刘胜金缕玉衣设计精巧、做工细致，既是难得的艺术品，又是了解汉代丧葬制度的好帮手。

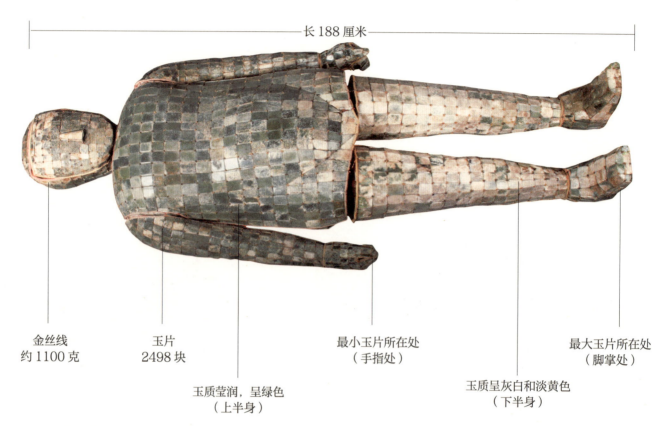

长 188 厘米

金丝线
约 1100 克

玉片
2498 块

玉质莹润，呈绿色
（上半身）

最小玉片所在处
（手指处）

玉质呈灰白和淡黄色
（下半身）

最大玉片所在处
（脚掌处）

1 金缕玉衣的雏形

古人认为玉石凝聚了天地的精华，佩戴可以辟邪，穿上玉衣可保尸身不腐，所以生前身后都想有玉石伴身。起初，人们能采集到的玉料有限，用以殓（liàn）葬时仅在面部覆盖玉饰，称为缀（zhuì）玉面饰。西汉文帝、景帝时期，玉衣开始出现。到了汉武帝时期，大量和田玉通过丝绸之路运往内地，为玉衣的制作提供了丰富的原材料。

2 始料未及的悲惨结局

用玉衣来敛尸只不过是古人的一种美好愿望。刘胜玉衣出土时，里面的尸骨早已朽烂。虽然长生不老、羽化成仙的寄托没能实现，但精美绝伦的金缕玉衣却流传下来，成为古代劳动人民不朽智慧和精湛技艺的见证。

用这么名贵的玉衣作葬服，盗墓贼自然就盯上了，所以汉墓有"十墓九空"之说。三国时期，魏文帝曹丕担心自己如果也使用玉衣入葬，很可能会落得个尸骨无存的下场，所以干脆下令禁止使用玉衣，从此玉衣便在中国历史上销声匿迹。

③ 敢用金缕，想造反吗

玉衣是穿戴者身份等级的象征，汉代对玉衣的等级规格有严格的规定：金缕玉衣只有皇帝才可以使用，银缕玉衣是诸侯王可以使用的，铜缕玉衣是其他诸侯（如大贵人、长公主）可以使用的，这些等级之外的其他官员不可以使用。所谓"缕"，指的是编缀玉衣片的金属丝，以金属丝的质地来区分玉衣的等级。

这么说，身为诸侯王的刘胜敢用金缕玉衣，这不是想造反吗？其实，前面说到的严格的玉衣等级规定在西汉晚期才正式形成，而刘胜死于西汉中期，当时玉衣等级的规定还没有完善，这也就是为何刘胜可以使用金缕玉衣的原因了。

只有我可以用金线。

那我只能用银线喽。

其实铜线也不错嘛。

④ 是汉之英藩（fān），还是逍遥王爷

据史书记载，刘胜为人喜好酒色，无所事事，就是一个闲散王爷，为何有"汉之英藩"的称号？

汉武帝即位之初，大臣们都因为七国之乱（武帝父亲景帝时期的一次诸侯国叛乱）的教训，对诸侯王百般挑剔。一次，汉武帝设宴款待刘胜和其他几位诸侯王。宴会上，刘胜闻乐声而泣，即兴发表了一场精彩演讲。他声情并茂、引经据典地控诉了官吏欺凌诸侯王的事实，自此之后，汉武帝增加了对诸侯王的优待。刘胜在这次宴会后，以巧妙的政治手段被诸侯王誉为"汉之英藩"。

兄长为何哭泣？

陛下，悲伤的人听不得悲伤的曲子，现朝廷群臣打压排挤皇室宗亲，臣为此感到悲伤。

我是小小历史通

怎样制作一件玉衣？

玉衣是怎么制作成型的呢？要做这样一件衣服可不简单，汉代统治者甚至设立了专门从事玉衣制作的"东园"。

首先，工匠把玉料切割加工成不同形状的玉片，再将切好后的玉片进行细致的磨制、抛光处理。接下来就要在玉片的每一角穿出小孔。钻孔完成后，就是编缀。工匠根据不同部位采用不同的编织方法，如果你观察细致一些，会发现刘胜金缕玉衣的腹部有点隆起，那就是为刘胜胖胖的肚子量身打造的。最后，用织物或铁条进行锁边，一件奢侈华丽的金缕玉衣就制作好了。

制作一件中等型号的玉衣就几乎花费了当时一百户中等人家的家产总和，统治者真是奢靡（shē mí）啊。

国宝 16
青铜器

长信宫灯

馆藏点
河北博物院

宫殿名

器名

假如夜晚没有电灯，你能想象那样的生活吗？

其实，中国电灯普及也就近几十年的时间，说不定你们的爷爷奶奶小时候，还使用过煤油灯呢。时间再往前推 2000 多年的西汉，那时候的灯具是什么样子的呢？看看长信宫灯就知道啦！

这么奇怪的灯我还是第一次见。

我要有个这样的灯就好了。

长信宫灯出土于河北省的满城汉墓，它通体鎏金，整体形象为一个面容清秀的宫女，左手持灯，右手挡风，既美观又实用。根据灯体上的铭文，人们才知道长信宫灯几次易主，这其中有着怎样的故事呢？

执灯宫女穿越千年而来，我们去看看她。

此灯设计奇特且没有烟尘，就送给你作为新婚礼物吧。

多谢太后赏赐。

国宝
鉴赏

长信宫灯造型优美，持灯宫女面容清丽，坐姿端庄。宫女右手高高举起，宽大的袖管构成烟气通道，构思巧妙，令人赞叹。

灯罩
由两块弧形平板组成，一片可以推动，既能挡风，又能调光

人体
宫女身穿汉代典型的曲裾深衣，衣长拖地

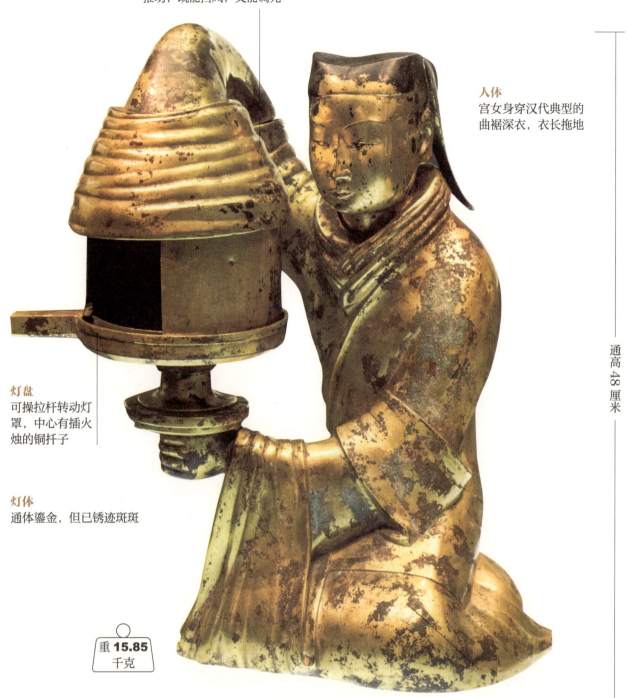

灯盘
可操拉杆转动灯罩，中心有插火烛的铜扦子

灯体
通体鎏金，但已锈迹斑斑

重 **15.85** 千克

通高 48 厘米

国宝故事

1 送给母亲的生日礼物

窦（dòu）太后的生日就要到了，因为眼睛不好，女儿阳信公主（汉武帝的亲姐姐）想送她一盏灯作为生日礼物。数月后，一盏盏做工精致的宫灯出现在阳信公主面前。其中一盏人形宫灯吸引了她的注意，在工匠讲解了此灯无污染的巧妙设计后，阳信公主赞不绝口。

妙，妙啊！

公主您看，此灯取光藏烟，还不会污染室内空气。

2 了不起的巧妙设计

为什么说这个灯具的设计了不起呢？

在汉代，灯具多以动物油脂为燃料，灯点燃后，会有一些没有完全燃烧的炭粒和燃烧后扬起的烟灰弥漫在室内，污染室内空气和环境，而长信宫灯则完美地解决了这个问题。工匠巧妙地将宫女的袖管与身体连接形成烟道，当火烛点燃时，烟灰便顺着宫女的袖管徐徐进入中空的宫女体内，烟灰也就不会随风到处飞扬了。

另外，这个宫灯是组装的，其头部、袖管、身躯和灯盘、灯罩、灯座都是可以拆卸的，这样清洁起来就很方便了。设计宫灯的人可真是聪明啊。

3 送给小辈的结婚礼物

阳信公主得到宝灯后，在灯上加刻了铭文"阳信家"，献给了母亲窦太后。窦太后很高兴，因为这宫灯十分朴素且好用，这很符合她老人家拒绝铺张浪费、注重休养生息的理念。后来，此灯被用作长信宫窦太后洗浴时的照明工具，并刻上了铭文"长信尚浴"，今天长信宫灯的名字便源于此。

窦绾（wǎn）是窦太后宠爱的侄孙女，她与中山靖王刘胜的婚讯传来，窦太后非常高兴。该送什么新婚礼物给窦绾呢？窦太后想到了女儿送给自己的那盏宝灯。

4 陵山下的神秘守陵村

窦绾去世后，与中山靖王刘胜合葬在今天的河北满城陵山上，她生前最喜爱的宫灯也随葬陵墓。自那时起，山下便有守陵人居住，慢慢形成了一个叫守陵村的村落。时光流逝，村里人都说他们的祖辈是为王侯守陵的，但守的谁的陵，陵又在哪里，千百年来一直是个谜，直到刘胜和窦绾的陵墓被发现。后来，人们将其命名为满城汉墓，并在其中发现了长信宫灯。

[学点文物鉴赏] 河北满城汉墓

满城汉墓位于河北省保定市满城西南的陵山上，是西汉中山靖王刘胜和妻子窦绾的陵墓，也是迄今发现的第一座汉代崖墓。

遗址概况

满城汉墓由刘胜墓和窦绾墓组成，以山为陵，墓道及墓室均凿山修建。两墓规模宏大，均由墓道、甬道、北耳室、南耳室、中室、后室六个部分组成，犹如一座地下宫殿，出土了众多稀世珍宝，展现了西汉辉煌强盛的大国风采。

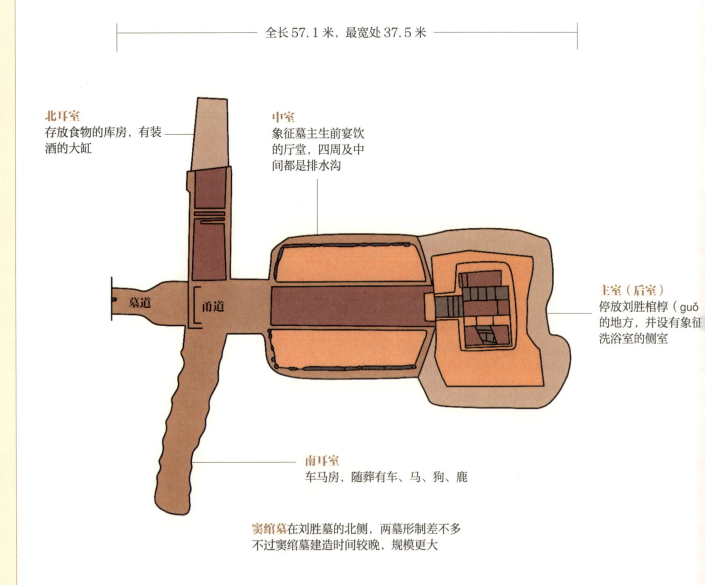

全长 57.1 米，最宽处 37.5 米

北耳室
存放食物的库房，有装酒的大缸

中室
象征墓主生前宴饮的厅堂，四周及中间都是排水沟

墓道

甬道

主室（后室）
停放刘胜棺椁（guǒ的地方，并设有象征洗浴室的侧室

南耳室
车马房，随葬有车、马、狗、鹿

窦绾墓在刘胜墓的北侧，两墓形制差不多不过窦绾墓建造时间较晚，规模更大

金缕玉衣

汉代皇室死后穿着的玉衣,存世很少,能保存如此完整的,更是少见

长信宫灯

设计精妙,还可以拆卸清洁,有"中华第一灯"之美誉

朱雀衔环铜杯

神话中的动物朱雀口衔玉环,脚踩小兽,旁边的杯子可能是用来盛放化妆品的

遗址文物

错金铜博山炉

工艺精湛、装饰华美的熏香用具,炉盖看上去就像高低起伏的山,山间甚至有动物出没

乳钉纹铜壶

细脖子大肚子铜壶,腹部为鎏金斜方格纹,中间填了嵌绿琉璃,色彩缤纷,非常绚丽

透雕双龙白玉璧盉

玉璧两面雕刻细密的谷纹,璧的上端为很漂亮的两条龙,构思巧妙

遗址私语

豪华的地下宫殿

满城汉墓共出土金、银、铜、铁、玉、石、陶、漆、玻璃器等各类文物一万余件,种类丰富,制作精美,都是已发掘的汉墓中很罕见的,侧面展示了高度发达的汉朝经济和文化。

王妃的精致生活

从窦绾墓里出土的众多奢华文物可以看出,这位汉朝王妃生前过着何等优越的精致生活。精美的玉器、灯具、熏香炉、日用杂器,尽显王室贵族生活的奢华。

史料记载中的玉衣

刘胜墓金缕玉衣是我国考古工作中第一次发现保存完整的玉衣,也是有准确年代可考的最早的玉衣。这种高级殓服原先只出现于史料的记载中,被发现真是一个意外之喜。

爱喝酒的王侯夫妇

满城汉墓出土了很多跟酒有关的文物,如33件陶制大酒缸、一套行酒令钱和一枚铜骰(行酒时的助兴用具)。看得出来王侯夫妇很爱喝酒,也很会玩。

四牛鎏金骑士铜贮贝器

liú   zhù

造型   造型的工艺   造型   材质   用途

这是祭祀场合，你可别乱跳哈。

我这姿势对吗？

你有自己的存钱罐吗？要知道古人也是有的哦。接下来要介绍的便是一个古老的存钱罐。

2000多年前，在中国的西南部有一个古王国——滇国，在那里，海贝被当作货币使用，为了方便盛装海贝，滇人铸造了贮藏海贝的工具——贮贝器。

战争、祭祀、贡纳、纺织、狩猎、驯马……古滇国的工匠将他们生活中的真实场景搬到了贮贝器上。史书中关于滇国的记载寥寥无几，贮贝器上的立体场景为我们打开了了解滇国的大门，堪称无言的史书。

在众多贮贝器中，四牛鎏金骑士铜贮贝器尤为珍贵，威严的骑士、雄壮的牛群、修长的虎耳，就让我们去认识一下它，以及它背后那个神秘的国度。

国宝鉴赏

四牛鎏金骑士铜贮贝器是工艺与造型完美结合的典范，骑士的雍容威武、战马的活力飘逸、四牛的健壮沉静被刻画得栩栩如生，代表着云南青铜器铸造的超高成就。

盖纽——骑士
骑士跨坐马上，马首高昂，马尾挥洒上扬，口微张；骑士佩剑，全身鎏金

盖部——四牛
四头公牛呈逆时针方向排列，围绕中心作行走状，牛角弯曲而修长

耳部——双虎
器腰两侧各有一个虎形耳，虎呈向上攀爬状，张口咆哮，虎尾下垂

腰部
典型的束腰圆筒形贮贝器

底部
平底，有足

通高 50 厘米

盖径 25.3 厘米

贮贝器的器盖上大多有规模宏大的立体雕塑，生动再现了古滇人的生活场景，再现了滇国社会生活的一些大事件，可以说是"古滇国的无声史书"。

1 贮贝器是什么

贮贝器是什么呢？有些同学会说，就是用来装贝壳的呗。这回答算是说对了一半。

贮贝器确实是用来装贝壳的，可这些贝壳跟我们现在所说的贝壳意义是不一样的。装在贮贝器里的贝壳是海贝，它是古滇人用来买卖交易的货币。在古滇国，这些海贝相当于现在的人民币，这样你就能理解了吧，它就是当时的存钱罐。

可是古滇国所在的云南并不靠海呀，哪里来的海贝呢？据考证，这些海贝又叫环纹贝，是古滇国与太平洋、印度洋区域的国家进行交换的货币。这个贮贝器不是人人都能拥有的，它是皇室和贵族的专用品，象征着至高无上的财富、权力和地位。

2 古滇国的无声史书

贮贝器的出现，是以大量海贝的出现为前提的。海贝是古滇国最主要的货币，可用于日常生活中交换牲畜、金属、宝石等，遇到有功的大臣，滇王也会赏赐海贝。

除了最基本的存钱罐功能之外，它的文化内涵也极其丰富，整个器物上的装饰内容包括祭祀、农事、牧畜、纺织、赶集、行船、舞蹈、战争、狩猎、虎牛搏斗和动物造型等多方面。

3 定格某个历史瞬间

云南省博物馆藏有众多造型多样的贮贝器，这件四牛鎏金骑士贮贝器，尤为珍贵。

滇人蓄养各类家畜，尤其重视牛的地位，在现今考古发掘的资料中表现牛形象的文物颇为常见，可见滇人对牛的喜爱。无论过去还是当今，牛在云南很多民族的心目中，都是吉祥、神圣、高贵、庄严的象征。

据推测，这件贮贝器上的四牛环绕也许代表了墓主人生前拥有大量的财富，位于中央的鎏金策马骑士则代表着墓主人的极高权力与非同一般的身份地位，可能是一位古滇国皇族成员。那段历史就这样被定格在这个瞬间。

4 夜郎自大

你有没有学过"夜郎自大"这个成语？夜郎国的国王因为问了汉使一句"汉朝和我国哪个大？"，就背上了"夜郎自大"的名声。其实据《史记》记载，在夜郎国之前，滇王就曾问过同样的问题。如果这个成语不是"夜郎自大"而是"滇国自大"，或许我们今天对这个古老的国度会熟悉很多吧。

问了同样的问题，为啥就你青史留名了？

哎，也不是啥好名声，不说也罢。

[学点文物鉴赏] 中国古代货币

→远古时代

以物易物，还未出现货币

→夏商西周

出现了中国最早的钱币——贝币。商晚期，人们仿照贝壳的样子做成了铜贝币。

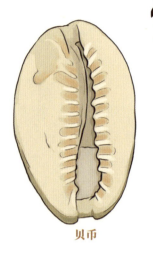
贝币

→春秋战国

各国使用不同的货币，赵、魏、韩和周王室盛行布币，齐国、燕国使用刀币，楚国铸蚁鼻钱，秦国独用环币。

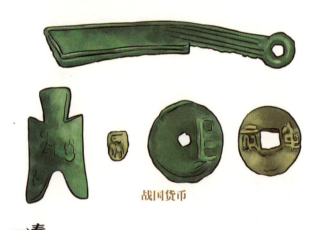
战国货币

不同模样的货币

布币其实不是用布做的，而是用铜制作的，它模样像是铲子，所以主要在以农耕为主的地区流通；刀币形状像把刀，一般流通于战争比较频繁的地区；楚国独用的蚁鼻钱模样似贝壳又像是"鬼脸"，比较特殊；环币是圆形的，中间有孔，造型像是车轮，在手工业比较发达的地区流通。

→秦

秦始皇统一中国后，规定以黄金为上币，半两钱为下币，统一了全国的货币。

→汉至隋

五铢钱是最主要的流通货币。

用了 700 多年五铢钱

五铢钱的"铢"是重量单位。东汉时期，7 个五铢钱能换半斤猪肉。五铢钱始铸于汉武帝时期，后历经东汉、魏晋南北朝到隋唐时期共 700 多年，是中国历史上使用时间最长的货币。

五铢钱

→唐

人们最常用的是开元通宝。

→五代十国

各政权都有自己铸造的货币。

→宋

盛行不同年号的铜钱、铁钱，北宋四川地区出现了中国最早也是世界上最早的纸币——交子。

开元通宝

最早的纸币诞生了

北宋初年，四川用铁钱，体重值小，买一匹绢往往需要上百斤的铁钱，使用起来非常不便，于是当地商人发行了一种名为"交子"的纸币，代替铁钱流通。

交子类似现在的现金支票，拿着它可以到一种叫"交子铺户"的店兑换铁钱，这种店类似今天的银行。交子因为使用起来方便，很快从四川流通到全国。

交子

→元

我国古代史上纸币的鼎盛时代，元朝纸币称为"交钞"。

→明

纸币与铜钱并用，"大明宝钞"是明朝唯一的官方纸币。明中后期，由于纸币带来的通货膨胀问题，纸币逐渐被废止。

→清

中国货币制度发展与演变的重要时期，铜钱、银圆、银锭、纸币均有使用。清朝在顺治、咸丰及光绪年间短暂发行过纸币。

在游乐园或一些演出的舞台上，经常可以看到令人捧腹大笑的小丑角色，你是不是也喜欢向小丑叔叔讨要一个气球，仿佛那里面装着一天的快乐。

在遥远汉代的一天，一位类似于现代小丑的说唱老爷爷，边击鼓边表演，说到精彩之处，不由得手舞足蹈，额前的道道皱纹里都隐含着笑意。

精彩的瞬间，被一位敏感的汉代工匠用双手定格下来，这就是我们今天看到的汉代第一俑——击鼓说唱俑。

击鼓说唱俑现在是中国国家博物馆中人人喜爱的大明星，它不像其他文物那样冰冷有距离，看着它，你会情不自禁地面带微笑，仿佛置身于一个观众如潮、充满欢声笑语的热闹场景中。

哈哈，他们好好玩。

国宝
鉴赏

击鼓说唱俑刻画了一个正在进行说唱表演的艺人形象，是一件富有民间气息和地方风貌的优秀雕塑作品。

头饰
头戴一顶小软帽，额头裹着幞（fú）巾

表情
张口露舌，喜笑颜开，笑出了前额的道道皱纹

彩绘
说唱俑身上原有彩绘，现已脱落

动作
俑人上身袒露，下着长裤，光脚蹲坐在地上，右腿平抬而脚心向外

高 56 厘米

鼓槌

1 汉代说唱盛行

　　击鼓说唱俑刻画的是一个正在进行说唱表演的艺人形象。说唱艺术在汉代非常盛行，当时人们将说唱表演的艺人称为"俳（pái）优"。俳优一般由身材矮胖、相貌滑稽的侏儒充任，社会地位不高。表演时，他们往往一边击鼓一边说唱，内容以搞笑、调侃为主。许多俳优通过走街串巷的表演来获得经济收入，也有一些俳优随侍王公贵族左右，随时供主人取乐。

嘿，嘿，跟着我跳……

2 说唱俑的故乡

　　目前全国共出土说唱俑十多件，击鼓说唱俑是知名度最高的一件，这些说唱俑的出土地主要集中在四川、重庆附近，其他地方则很少，这是为什么呢？

　　战国时期，强大的秦国消灭了川地的蜀国，秦王派李冰来此修建了著名的都江堰水利工程，从此蜀国成了沃野千里的富庶之地。安定富足的生活使得蜀人有更多的时间和精力去欣赏俳优表演，因此俳优说唱表演在蜀地颇为流行。

3 特殊的安葬方式

　　击鼓说唱俑出土于四川成都天廻（huí）山的一个崖墓中。崖墓是中国古代一种独特的安葬方式，即将棺木送到悬崖洞穴中安葬。崖墓所选的山崖都是常人难于攀登的绝壁，崖面光滑，下临深水，这在一定程度上可以减少悬棺被人为破坏的可能性。在古代，能够享受崖墓待遇的一般只有王公贵族。

4 俳优的劝谏艺术

　　助兴调节气氛对俳优们来说是小菜一碟，有些俳优还会利用自己的特殊身份，正话反说，在取悦君主的同时，起到劝谏的作用。优旃（zhān）就是其中的代表人物。

　　优旃是秦朝的俳优，虽然其貌不扬，却能说会道。有一次，秦始皇想扩建皇家林苑，在里面圈养各种珍禽异兽供他玩赏。不少大臣都反对，但秦始皇就是不听，后来是优旃巧妙说服了秦始皇。

英明！增加飞禽走兽可以巩固国防。如果敌人打过来，就叫麋鹿野猪去攻击他们，连军队都省了！

来，说说我的决策怎么样？

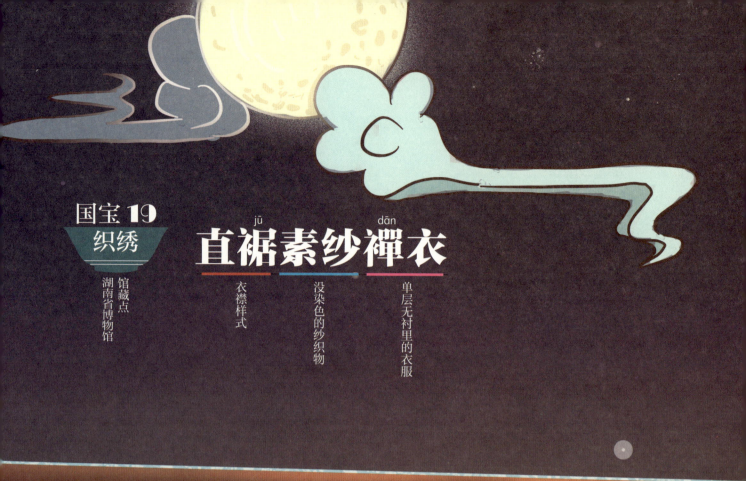

直裾素纱禅衣

jū dān

衣襟样式

没染色的纱织物

单层无衬里的衣服

> 好美呀，我也想要一件这样的衣服。

有这样一个有趣的故事……

古时候，一位阿拉伯商人来到中国会见友人，发现透过衣服还能看到友人胸口的黑痣，就惊叹地问："您胸前的痣，怎么透过两层衣服还看得见？"友人听后哈哈大笑，忙回道："不是两层，是五层！"

在一座汉代古墓中，考古学家就发现了一件像故事中描述的那般轻薄的衣服——素纱禅衣。

用薄如蝉翼、轻若烟雾来形容它一点儿都不过分，它整体重量还不足50克，折叠起来能装进一个小小的火柴盒里。可以想象，2000多年前，辛追夫人穿着它，走到哪里都是人群中最闪亮的焦点。

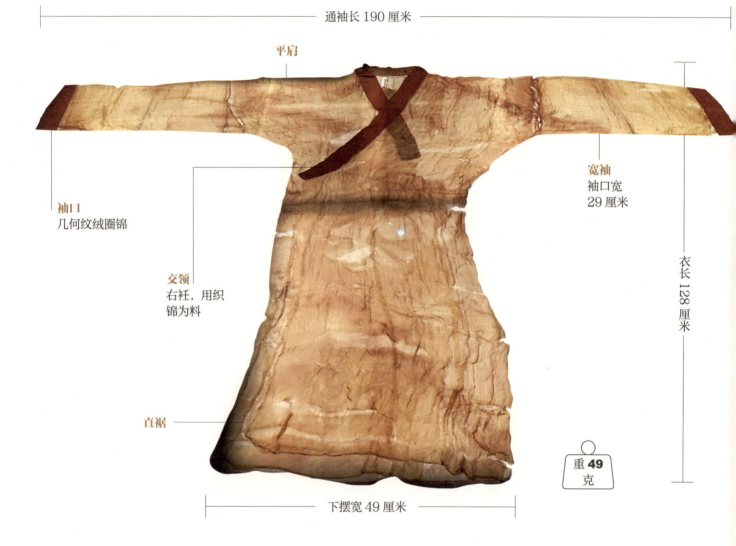

直裾素纱襌衣是迄今所见最早、最薄、最轻的服装珍品，是西汉时期纺织技术的巅峰之作，代表了西汉初养蚕、缫（sāo）丝、织造工艺的最高水平。

通袖长 190 厘米

平肩

宽袖
袖口宽
29 厘米

袖口
几何纹绒圈锦

衣长 128 厘米

交领
右衽，用织锦为料

直裾

重 **49** 克

下摆宽 49 厘米

我是小小历史通

丝来的地方

丝织业的发展，为丝绸之路的开辟提供了基础。汉代，商人们最喜欢交易的货物就是丝绸了。张骞（qiān）通西域后，丝绸远销至罗马帝国。路途遥远，经过商人的层层加码，罗马人最终以一两黄金一两丝的价格将华丽的丝绸披到了身上。此后的 1000 多年，西方人一直把中国称为"赛里斯国"，意思是"丝来的地方"。

1 这件衣服好轻薄呀

2000 多年前的一天，西汉长沙国丞相利苍的妻子辛追夫人突发疾病去世。正值炎热的夏季，只好仓促安排下葬，所以侍女们只能挑选夫人生前最喜爱的物品随葬，其中就包括素纱襌衣。

素纱襌衣是由单经单纬丝交织而成的一种方孔平纹织物，丝缕极细，孔眼均匀清晰，透光度达 75%。衣服最初为白色，深埋地下 2000 多年，再加上出土后各种环境因素的改变，加速了纤维的老化，变成了今天看到的偏暗的黄色。

2 穿越千年的朦胧美

素纱襌衣如此轻薄飘逸，古人是如何穿着的呢？多数研究者认为它被穿在锦袍的外面，相当于我们现在穿的罩衫一类的轻薄衣物。华丽的锦袍外面覆盖一层薄如蝉翼的纱衣，纹饰若隐若现。锦袍的华丽光泽虽被减弱几分，却平添了几分朦胧美与层次美，走起路来，纱衣随着轻盈的步伐起舞，美不胜收。

隆重介绍下我的妹妹，她穿的素纱襌衣是曲裾款式的哦。

你能看出两件衣服的区别吗？

3 神秘失踪的国宝

你知道吗？ 1972 年长沙马王堆汉墓出土的素纱襌衣共有两件，除了我们说到的这件直裾素纱襌衣，还有一件比它轻 1 克的"胞妹"——曲裾素纱襌衣，仅重 48 克。

1983 年，一名叛逆少年潜入湖南省博物馆，盗窃了几十件文物，其中就包括这两件素纱襌衣。后来，48 克重的那件素纱襌衣毁于被盗。这件 49 克重的素纱襌衣虽被追回，但也有所损伤，让文物专家心疼不已。

我已经很努力减肥了。

49.5 g

4 艰难的复制之路

有了被盗的经历，再加上直裾素纱襌衣真品因为长期展出，光线、空气对其造成很大的损害，文物部门决定复制总重 49 克的直裾素纱襌衣。

第一件复制品做好后，总重超过了 80 克。原来，现在的蚕宝宝比几千年前要肥胖很多，吐出的丝也就粗很多，织成的衣服自然就重。第二次，专家们又研究出了一种特殊食料让蚕宝宝"减肥"，历时 13 年终于又复制出一件素纱襌衣，但仍比原件重了 0.5 克，经过相关专家鉴定，成为官方认可的仿制品。

[探访考古现场] 长沙马王堆汉墓

马王堆汉墓是西汉初年长沙国丞相利苍及其家属的墓葬，在发掘的三座古墓中，共出土 3000 多件珍贵文物和一具保存完好的古尸。透过这些文物，可以看出汉代农业、手工业取得的非凡成就，以及炉火纯青的漆器、丝织品制造技艺。

遗址概况

马王堆共发掘有三座汉墓，二号墓主是丞相利苍，一、三号墓主分别是利苍的妻子和儿子。一、三号墓出土的女尸、素纱襌衣及一大批器皿和帛书等都保存于湖南省博物馆，二号墓早在唐朝就已被盗，破坏严重。如今一、二号墓坑已填塞，三号墓坑经过整理加固，供人们参观。

长沙马王堆汉墓内景

T 形帛画
古代出殡时挂起来作为引导，入葬时覆盖在内棺上，是中国出土帛画中最具代表性的文物

素纱襌衣（直裾）
此件素纱襌衣为交领，右衽，直裾。没有颜色，没有衬里，轻盈

云纹漆鼎
装食物的容器，刚发掘时，发现内部竟然盛放有莲藕片和汤，可惜出土后就氧化消失了

遗址文物

漆耳杯
辛追墓共出土漆耳杯90件，用途很明确，其中 50 件饮食器、40 件饮酒器

陶熏炉
熏香用具。使用时，将香料放入熏炉内焚烧，以竹篾编成外罩，罩在熏炉上，散发清香

博具
古代人也爱玩的棋类游戏，由棋盘、棋子、筹码、骰子、刀、削和小铲等组成

遗址私语

大墓古尸惊天下

　　一号墓是三座墓葬中规模最大、出土文物最多的一座，墓主辛追夫人遗体保存完好，距今已有 2100 多年。其出土时外形完整无缺，全身皮肤柔软而有弹性，令世界震惊。

神秘的 T 形帛画

　　看着像是衣服，其实是一幅展示 2000 多年前丧葬理念的彩绘帛画。从上而下画面分为天堂、人间、地狱三部分，体现了古人对天国的想象和对永生的幻想。

成套餐具彰显礼仪

　　墓中各类成套餐具，形象展示了汉代饮食礼仪和方式。餐前行沃盥（guàn）之礼，当时流行低矮型家具，贵族们席地而坐，面前摆放食案，实行分餐制。

地下私人图书馆

　　汉墓出土了 50 余种帛书，10 多万字，大多是失传已久的珍贵文献。内容涵盖十多个学科，为中国文献学、版本学、校勘学等学科研究提供了十分珍贵的实物资料。

魏晋
南北朝
卷

　　魏晋南北朝时期，360 余年的政权更迭，历经三国、西晋、东晋和南北朝对峙，长期封建割据，战争不断。

　　虽然社会动荡不断，但工艺美术的发展并没有停滞不前，加之外来文化的输入，也浸染了当时社会生活的方方面面。东晋十六国时期北燕出土的鸭形玻璃注便来自西欧的罗马，那个年代如此奇怪造型的玻璃制品全世界仅此一件。

　　社会的动荡也直接影响了魏晋士大夫的生活方式，名士们率直潇洒，纵情山水，由 200 多块古墓砖拼合而成的竹林七贤与荣启期砖画直观反映了这一时期人们的个性状态。

　　魏晋南北朝时期，南北文化融合，漆器的工艺手法更加细致，内容也更为生动，贵族宴会、历史故事等叙事性内容，开始被"搬运"到漆器上。北魏木板漆画就是南北朝时期文化融合的产物。

驿使图壁画砖

壁画内容

砖上作画

48

我负责东边。

今天，我们想要向他人传递消息，只需发个信息或者打个电话；想把某个物品交给他人，寄个快递就可以了。那你知道古人是如何传递信息、转运物资的吗？

在古代，专门骑快马传递信息的人，被称为"驿使"，他们日夜兼程传递的大多是紧急军情。在嘉峪关魏晋墓出土的一块壁画砖上，绘制者用寥寥数笔，传神刻画出一名驿使跃马疾驰的场景，这就是著名的"驿使图壁画砖"。

仔细看，驿使刻画生动，却唯独没有嘴巴，是绘制者忘记了还是有意为之？他左手中举着的片状东西是什么？古代邮驿出现于何时，最快的速度是多少？透过这件国宝来寻找答案吧！

国宝鉴赏

驿使图壁画砖生动再现了西北边疆驿使驰马送文书的情景，客观记录了 1600 年前的邮驿场景，是中国已知最早的古代邮驿形象资料。

长 26 厘米

厚 5 厘米

宽 17 厘米

驿马
马身涂黄色，上有红色斑块，四足腾空，马尾飘扬，展现出疾驰的状态

穿着
驿使头戴黑帽，身穿右襟宽袖衣，足蹬长靴

嘴巴
没有嘴巴，表明昔日驿传的守口如瓶

左手
持棨（qǐ）传文书，棨传是通过关卡、驿站时的信物，表明画像砖中的马为驿马

我是小小历史通

悠久的邮驿历史

中国是世界上最早有组织通信的国家之一，殷商时期的甲骨文中已有关于邮驿通信活动的记载。因此，从商朝到清末，中国邮驿通信经历了 3000 多年的发展历史。西周时期，紧急军情还在用烽火传递。到了汉唐，已经有了非常完善的邮驿系统。宋代出现了急递铺，紧急公文的运送速度进一步提升。清朝末年，近代邮政逐步兴起，驿站的作用日渐消失。

1 中国最早的古代邮驿形象

如果你家里有一张中国邮政储蓄银行卡（绿色）的话，可以拿出来看看，正面那个图案就是这个文物。

驿使图壁画砖出土于嘉峪关新城魏晋墓葬群。1972年，当地牧羊人偶然发现了这片墓葬群，墓中共出土壁画砖700多块，壁画以宴饮、农耕、狩猎、采桑、畜牧等生活场景为主，内容多样，真实再现了当地半耕半牧的日常生活。

这幅驿使图虽然只有寥寥几笔，却传神刻画出了驿使跃马疾驰的画面，这种真实而又写意的手法，对后世中国绘画艺术产生了深远的影响。

2 不能说的秘密

你知道为何驿使图上的人没有嘴巴吗？这是为了表明昔日驿传的守口如瓶。由于传递文件涉及政令、军情，古代邮驿的保密工作历来受到重视。战国时，将简牍（dú）文书截成三份，由不同人从不同路径送达；秦代将竹简文

书用绳子扎实，绳结处使用封泥并加盖相关印玺（xǐ）；后来历代都出现了各种封装文书物品的匣盒，起到很好的保密作用。

3 夸张的八百里加急

相传，杨贵妃非常喜欢吃荔枝，到了荔枝成熟的季节，唐玄宗就派人骑快马昼夜不停将南方产的新鲜荔枝送到京师（今西安），由此可见古代邮驿速度之快。关于古代的邮驿速度，一般要求日行180里（折合90千米），再快些则要求日行300里，最快可以达到日行500里（其实有些夸张了），影视作品中的"八百里加急"实际上是不可能的，就算有，也需要到一个驿站就马上换匹马这样接龙跑下去，因为马也是要休息的。

你们三人，一人一份，分头去送，要确保安全。

点烽火

驿使送件

近代邮政

互联网时代

鸭形玻璃注

造型　材质　器类

冯老桌上的这个琉璃瓶子绝妙得很呀！

我们的生活中随处可见玻璃制品，插花的花瓶、喝水的杯子、玩的玻璃球……

不过，在中国古代，玻璃制品可是稀有物件。魏晋南北朝时期，玻璃制品甚至成为豪门贵族"斗富"的筹码。这不，在北燕宰相冯素弗的墓中就出土了国宝级玻璃制品——鸭形玻璃注。鸭形玻璃注长颈鼓腹，因整体形状貌似鸭子而得名。

精美的鸭形玻璃注来自古罗马帝国，是全世界都少见的动物造型玻璃器。它越过千山万水，跨越1600余年的时间，展现在世人眼前，只为唱一曲东西方交流的赞歌。

这件古罗马的玻璃精品是如何千里迢迢来到中国的呢？它的主人有着怎样的地位？造型奇特的它又有怎样的用途呢？

鸭形玻璃注整体曲线柔和，结构匀称，如此奇特而罕见的动物造型的早期玻璃器，目前全世界仅此一件。

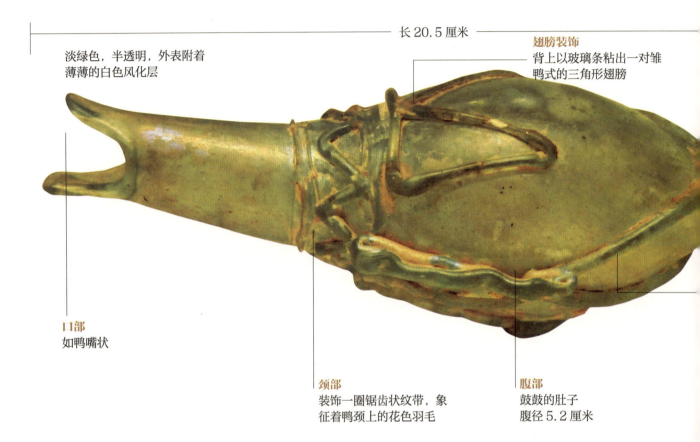

————————— 长 20.5 厘米 —————————

翅膀装饰
背上以玻璃条粘出一对雏鸭式的三角形翅膀

淡绿色，半透明，外表附着薄薄的白色风化层

口部
如鸭嘴状

颈部
装饰一圈锯齿状纹带，象征着鸭颈上的花色羽毛

腹部
鼓鼓的肚子
腹径 5.2 厘米

1 相伴北燕宰相千年

鸭形玻璃注出土于辽宁朝阳冯素弗的墓中。墓主冯素弗为十六国时期北燕君主冯跋（bá）的弟弟。冯跋在位时期，冯素弗为宰相，是北燕政权的二把手，为北燕的发展倾注了所有心血，深为冯跋倚重。

冯素弗对于北燕有多重要呢？据史书记载，公元 415 年，冯素弗去世，皇帝哥哥冯跋曾先后七次亲临墓地哭诉，可见他对弟弟的感情之深。因此，冯素弗的墓中有珍贵的鸭形玻璃注作为随葬品也就不足为奇了。

玻璃制品易碎，从遥远的古罗马运转到东方，又埋入地下历经 1600 余年，保存如此完整，真是个奇迹。

尾部
尾巴又细又长，
尾尖微残

器高 9 厘米

双腿装饰
腹下两侧各粘一段波状的
折线纹，象征着双脚

2 一只谦虚的小鸭子

鸭形玻璃注重心在前，只有腹部充水至半时，因后身加重，才得以平衡放稳。

关于它的用途一直众说纷纭。目前最普遍的一种说法认为，鸭形玻璃注是古代敧（qī）器。敧器只有装一半的水才会保持平衡，装满水的时候容易倾覆，古人借此提醒自己不要自满。

我要刻字提醒自己不能自满。

你这只能叫乱刻乱画。

3 从古罗马来的好东西

怎么判断这件宝藏是国外来的呢？

玻璃注出土后，做过一个体检。经中国科学院金属研究所电子探针检测报告得知，这件玻璃注用的是钠钙玻璃，而古代中国的玻璃制品是铅钡玻璃。这就说明了它与中国的玻璃材质并不相同，极有可能来自地中海一带的古罗马。公元 1 世纪的罗马曾流行过类似玻璃器。

玻璃制品不是天然的，是人工利用一种特有的原料创造出来的，这是 2000 多年前欧洲人非常追捧的宝物。要知道，当时玻璃可与黄金和宝石比肩，只有少数达官显贵才能享用得起。

我们可以推测，这件器皿来自遥远的古罗马帝国，是经丝绸之路传入北燕的。它成了东西方文化交流的见证。

4 玻璃吹制工艺

鸭形玻璃注是利用吹管的技术制作成型的，成型后在器身粘贴玻璃条组成细部图案，这是古罗马制作玻璃的常用技术。

大约在公元前 1 世纪，古埃及人逐渐掌握了玻璃吹制工艺，能制作出各种形状的玻璃制品。之后几百年中，古罗马人逐渐学会了这种技术，并将其传播到整个西欧地区。玻璃吹制工艺直到今天还在使用。

56

竹林七贤与荣启期印模砖画

画面内容

画面内容 隐士

作画方式

画作形式

国宝 22

砖瓦

馆藏点 南京博物院

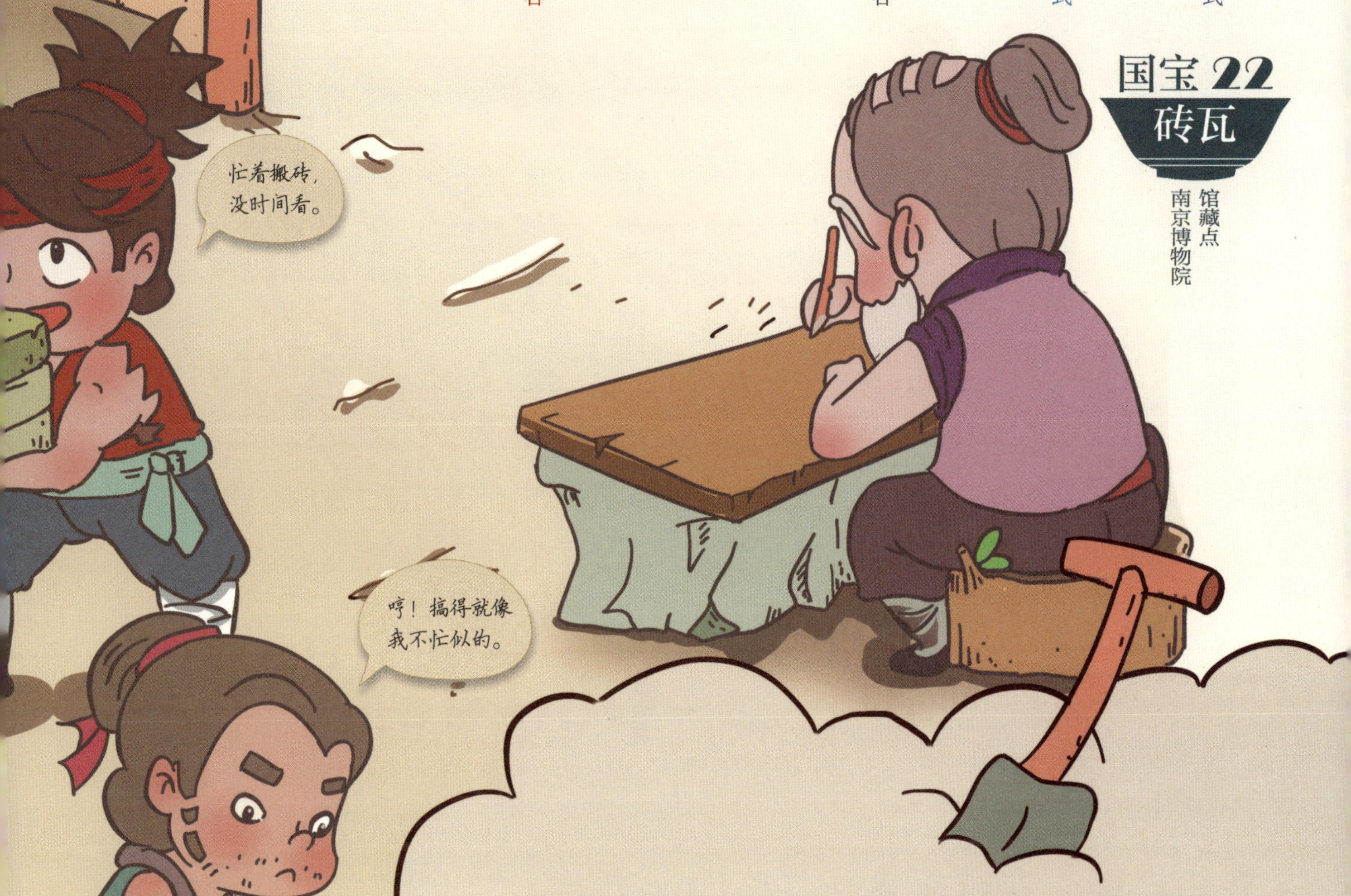
砖厂
忙着搬砖，没时间看。
哼！搞得就像我不忙似的。

和同学聊天时，你们会不会聊到自己喜欢的偶像组合？

魏晋时期，战乱纷纷，文人贤士对当时复杂的政治环境感到厌倦，有这样七个人，他们纵情山水、率性而为，时常在山阳县的竹林之下饮酒高歌，并称“竹林七贤”。

竹林七贤凭借至真至性从众多英雄名士中脱颖而出，成为历朝历代都非常推崇的偶像组合。在竹林七贤的粉丝中，就有南朝的士族们，而当时的皇室为了拉拢士族阶层，也极为推崇竹林七贤，还将他们的画像印在了墓室的壁砖上。

砖画上印有八个人物，他们席地而坐，或开怀畅饮，或弹琴唱曲，或静坐沉思，这就是后来成为南京博物院镇院之宝的竹林七贤与荣启期印模砖画。它就像是一块敲门砖，帮我们敲开了古代贤士的精神大门。

竹林七贤与荣启期印模砖画是迄今为止发现最早的一幅魏晋人物画实物，也是现存最早的竹林七贤人物组图。

向秀
闭目倚树，似乎在深思玄理

高78厘米

长241.5厘米

北墙砖壁画

荣启期
披发、长须，端坐向前，鼓琴而歌

阮咸
挽袖拨阮，完全沉浸在音乐之中

刘伶
双目凝视手中酒杯，另一手蘸酒品尝

1 荣启期：穿越而来

竹林七贤，顾名思义有七个人，那么壁画上的第八人是谁呢？他的名字叫荣启期。

这位老者是春秋时期著名隐士，相传他精通音律，而且博学多才，常在郊外弹琴唱歌，自得其乐，就连孔子都对他钦佩不已。

奇怪的是，荣启期与竹林七贤生活的时期相差700多年呢，为何他们会出现在同一幅砖画上呢？这是因为有八个人的话，南北两块壁画各画四人，便有了对称感。荣启期洒脱不羁的性格和怀才不遇的境遇，与竹林七贤极为相似。他又是一位自得其乐的文人高士，被视为竹林七贤之楷模，所以选他凑齐八个人也就不奇怪了。

2 阮咸：精通音律

阮（ruǎn）咸的爷爷名叫阮瑀（yǔ），是"建安七子"之一，他的叔叔是阮籍，也是七贤之一。阮咸精通音律，善弹一种琵琶。魏晋时期，七月初七这天有晒衣服的习俗。很多人家纷纷晒起了

啦啦啦……

你知道吗？
中国古代唯一以人名命名的乐器就是阮咸，简称阮，就是以他的名字命名的。

58

| 嵇康
头梳双髻，微微
扬头抚琴 | 阮籍
身着长袍，口作
长啸状 | 山涛
一手挽袖，一手
执杯而饮 | 王戎
一手舞玉如意，另一胳
膊斜靠在钱箱上 |

每个人物身旁均标明身份，相互间以银杏、松树、槐树、垂柳等树木间隔，是一组既各自独立又和谐统一的大型画像砖组画。

南墙砖壁画

绫罗绸缎，其实是一种变相的炫富大赛，而阮咸却用竹竿挑了一条粗布大裤衩晒在院子里，毫不在意他人的讥笑。

3 刘伶：嗜酒如命

刘伶性情豪迈，不拘小节，为排泄郁闷，常借酒消愁，久而久之，嗜（shì）酒如命。据史书记载，他经常乘坐鹿车外出，手里还抱着一壶酒，命仆人提着锄头跟在车子后面，并说道："如果我醉死了，便将我就地埋葬了吧！"真是好有意思的一个人。

少爷，你少喝点吧！

4 嵇康：颜值担当

嵇（jī）康是中国古代四大美男子之一，据史书记载，他身高 1.88 米，高大帅气。据说，有次嵇康上山采药，在途中偶遇一个樵（qiáo）夫，樵夫见他飘逸俊美，竟以为是仙人下凡，急忙跪拜："惊扰神仙了，神仙莫怪。"嵇康还擅长写文、通音律。后来，嵇康因触怒司马昭被下令处死，临刑前从容抚琴，留下了"广陵绝唱"。

你知道吗？

嵇康抚琴弹奏的"广陵绝唱"即为中国古代非常有名的古琴曲《广陵散》。

琅琊王府上酒香舞美，连屏风画都如此精致无双。

馆藏点
山西博物院

北魏木板漆画

朝代　　　　承载物　　　　画作形式

瓷器与丝绸两大宝贝，为中国赢得了"瓷之国"与"丝之国"的美名。其实早在7000 年前，我们的祖先就开始创造性地使用漆器了，中国有一个更古老的名字——

将军好眼力，老夫常以这些画鞭策自己如何治国齐家。

漆之国。书柜、桌子、板凳……现代生活中还能经常见到漆器。

本篇要介绍的宝藏是一件顶级漆器，它出土于北魏琅琊王司马金龙之墓。1965年，司马金龙与妻子钦文姬辰的合葬墓被偶然打开，墓中的漆画屏风惊艳了世人。屏风是南北朝重要的家具之一，漆画屏风的正反面描绘着帝王、忠臣、孝子、烈女等人物形象，一起来看看吧。

国宝鉴赏

北魏木板漆画填补了南北朝时期漆器研究的空白，漆画线条飘扬细腻、均匀灵动，颇有东晋顾恺之的画风，画上书法遒劲秀丽，是不可多得的佳作。

上下两侧均有榫卯

故事1
舜帝恪守孝道

故事2
周氏三母母仪天下

故事3
鲁师春姜知书达理

故事4
婕妤辞辇劝君治国

屏风正面漆画

宽 20 厘米

厚 2.5 厘米

高 82 厘米

故事5
门客李善养孤儿

故事6
孝子李充休妻

故事7
孝子茅容素食待客

故事8
如履薄冰如临深渊

屏风背面漆画

63

屏风碎片

南北朝重要的家具——屏风

　　屏风最早出现在先秦时期，通常被用来隔出尊位，因此屏风后面坐的都是有身份的人。到了南北朝时期，屏风成为重要的家具之一，使用也更为普遍。茵席、床榻边侧都附设小型屏风，这类屏风通常为三扇，人坐席上，左、右和后面各立一扇，屏风上的画起到装饰、教化作用。

国宝

故事

1 墓主琅琊王

关于北魏木板漆画的故事，还得从那个风起云涌、政权更迭频繁的魏晋南北朝讲起。

公元 420 年，东晋被刘裕（yù）建立的宋取代，东晋皇室成员司马楚逃亡北方，投靠了北魏王朝。北魏明元帝接纳了他，并赐予他琅琊王爵位，选鲜卑（bēi）王族公主与他成婚。

后来，他们的儿子司马金龙承袭琅琊王爵位，并成为献文帝的老师，风光无限。公元 484 年，司马金龙在魏都平城（今山西大同）去世。太后冯氏与孝文帝下令为他举办高规格的葬礼，随葬品精美绝伦，其中最吸引人眼球的就是这件木板漆画屏风及构件，历史和艺术价值不可估量。

2 发现顶级漆画

墓葬发掘时，发现了五块木板漆画，但残损的程度不一。

出土的漆画为双面，正反面都画有内容。朝上这面保存得都比较完好，漆色艳丽，内容大多可以辨认；但朝下的那一面就没这么幸运了，漆画表面剥落严重，颜色黯淡，几乎看不出原貌了。即便漆很耐腐，可墓里环境潮湿阴暗，又经历了1500 多年，能保存下来一部分已经相当难得了。

经过考古工作人员的修复后，这五块中有两块可以拼合。合上以后，正面背面的内容就完整了，一共讲述了八个故事。再加上对其他单独几片的研究，发现拼合起来就是屏风的几个面。

3 婕妤辞辇劝君治国

才学出众的班婕妤（yú）是汉成帝的妃子，汉成帝最宠她的时候，让她同坐辇（niǎn）车出行。班婕妤却婉言谢绝，并劝告汉成帝，伴随帝王左右的应该是大臣而不是姬妾，要做个多亲臣民的好皇帝。后来，这件事传到了太后耳朵里，她大赞班婕妤贤惠。

4 如履薄冰如临深渊

万物复苏的春日，柳树已经冒出了新芽。有一人踏冰过河，薄冰在脚下裂开，周围水波动荡，此人每走一步都战战兢（jīng）兢，小心谨慎，是谓"如履薄冰"。山岭高耸，悬崖深浅，不得而知，一人独立危崖，稍有不慎，便会坠落漆黑山涧，正是"如临深渊"的写照。

这是一幅劝解画，当时司马金龙功名显赫、炙手可热，此幅画正是提醒自己，朝中势力可能随时发生变化，要时刻保持谨慎，不然危险随时可能降临到自己头上。

图书在版编目（CIP）数据

藏在博物馆里的国宝故事 ： 全四册 / 知路童书著绘
. — 杭州 ： 浙江人民出版社，2023.5
ISBN 978-7-213-10998-0

Ⅰ．①藏… Ⅱ．①知… Ⅲ．①文物 – 中国 – 通俗读物
Ⅳ．① K87–49

中国国家版本馆 CIP 数据核字（2023）第 038452 号

藏在博物馆里的
国宝故事

③

唐宋盛世的
雅量宝藏

知路童书　著绘

浙江人民出版社

在历史的长河中
那些保存至今的文物，是历史的见证
向我们讲述曾经的精彩故事
（下图时间轴分四段，对应本套书四册的时间划分）

人面鱼纹彩陶盆　　　　妇好鸮尊　　　　　　　　　曾侯乙编钟

石器时代
陶器的繁荣
夏　商　西周　周　春秋　战国
青铜器的繁荣

秦　汉　三国　晋　南北朝
陶俑的繁荣
漆器的繁荣
画像砖的繁荣

镶嵌绿松石兽面铜牌饰　　长信宫灯　　　　　鸭形玻璃注　　北魏木板漆画

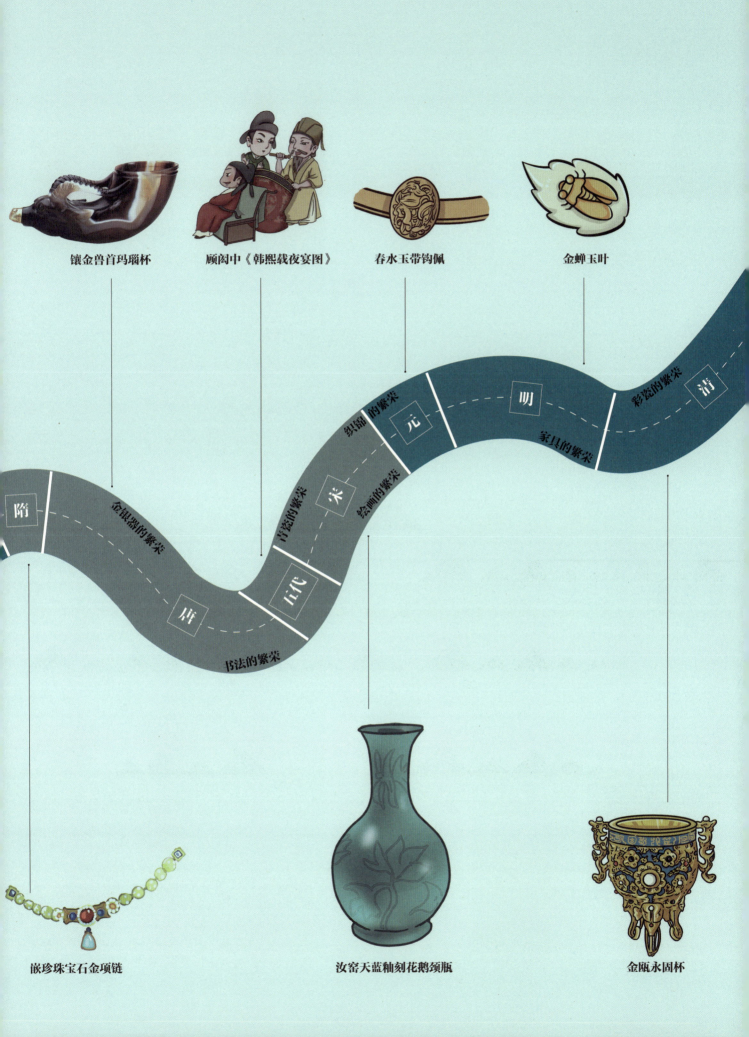

镶金兽首玛瑙杯

顾闳中《韩熙载夜宴图》

春水玉带钩佩

金蝉玉叶

金银器的繁荣

织锦的繁荣

青瓷的繁荣

绘画的繁荣

彩瓷的繁荣

家具的繁荣

书法的繁荣

隋

唐

五代

宋

元

明

清

嵌珍珠宝石金项链

汝窑天蓝釉刻花鹅颈瓶

金瓯永固杯

前 言

我叫春宝，
我和秋宝陪你
"穿越"历史。

我叫秋宝，
我会鉴宝，
我是小小历史通。

　　我们的祖国，是一个有着 5000 年历史的文明古国。或许每个小学生都会背诵这句话。如何让这句话在孩子的头脑中鲜活、立体起来呢？文物是一个非常不错的切入点。

　　透过丰富多样的文物，我们可以回望久远的过去：我们从哪里来，我们的祖先长什么样子，他们过着怎样的生活。文物与文字不同，文字代表着记录者的思想，会有偏差，但文物不会说谎，它们承载着真实的历史。

　　令人遗憾的是，当我们去博物馆参观时，珍贵的文物往往躺在展示柜里，或是用隔离带围住，我们只能隔窗或远远观看。要让孩子对这些充满距离感的陈年古物提起兴趣，实在不太容易。再说，我们也很难带孩子跑遍全国所有博物馆，因此，对于很多国宝级文物，我们也难以一睹其风采。

　　为此，我们精心编写了这套《藏在博物馆里的国宝故事》。整套书按朝代分为 4 册，精选 46 件国家级文物。我们试图将它们从博物馆"搬"到孩子的面前，用讲故事的方式剥开文物的斑斑锈迹，为孩子推开认识中国历史文化的全新大门。

　　跨进这扇门，不仅可以聆听生动的故事，还可以了解众多文物背后的制作工艺，让孩子感知先人的智慧，进而激发他们探寻、保护文物，传承、创新文化的精神，感受中华文明的源远流长和博大精深。让我们和孩子一起，开启一场纸上博物馆之旅，来一次寻宝打卡吧。

目录

[隋唐五代卷]

国宝㉔金银器 | 嵌珍珠宝石金项链　　　　2

国宝㉕陶器 | 唐三彩骆驼载乐俑　　　　6

国宝㉖玉器 | 镶金兽首玛瑙杯　　　　10

探访考古现场 | 陕西何家村遗宝　　　　14

国宝㉗绘画 | 阎立本《步辇图》　　　　16

国宝㉘书法 | 冯承素摹王羲之《兰亭序》卷　20

国宝㉙金银器 | 鎏金舞马衔杯纹银壶　　　　24

国宝㉚绘画 | 顾闳中《韩熙载夜宴图》　　　　28

[宋朝卷]

国宝㉛绘画 | 张择端《清明上河图》　　　　36

国宝㉜书法 | 苏轼《黄州寒食帖》　　　　42

国宝㉝织绣 | 朱克柔缂丝《莲塘乳鸭图》　　46

学点文物鉴赏 | 缂丝工艺　　　　50

国宝㉞瓷器 | 汝窑天蓝釉刻花鹅颈瓶　　　52

学点文物鉴赏 | 宋代五大名窑　　　　56

隋唐五代卷

　　经历了东晋南北朝近 300 年的分裂后，天下重归一统，迎来了隋唐盛世。

　　唐朝可以说是中国历史上最辉煌的朝代之一，其瑰丽的文化与先进的政治制度吸引了万国来朝。嵌珍珠宝石金项链、镶金兽首玛瑙杯成为隋唐中外文化交流的最好见证。

　　古代没有相机，重大事件多以绘画的形式来记录，反映唐蕃联姻的《步辇图》便出自宫廷画家阎立本之手。唐厚葬风气盛行，唐三彩陶俑所表现的内容几乎囊括了当时社会生活的各个方面。

　　历史车轮滚滚向前，300 多年的辉煌后，中国历史又迎来了一段轮番上场的五代十国分裂时期。传世名画《韩熙载夜宴图》，再现了分裂时代特殊的历史环境。

你会不会偶尔从妈妈的首饰盒中拿出一条亮闪闪的项链，戴在自己的脖子上把玩一番？

在中国国家博物馆中就有一条特殊的金项链。它已经 1400 多岁了，依旧鲜艳夺目的外表暗示着它不凡的来历。它由各色宝石、珍珠和黄金镶嵌而成，因而被取名为嵌珍珠宝石金项链。

1957 年，人们在西安城附近的一个小村庄发现了一座千年古墓，墓的主人是一个年仅 9 岁的小女孩，她的周身被奇珍异宝环绕，这条嵌珍珠宝石金项链就佩戴在她的脖子上。

小女孩是谁？小小年纪的她为何会拥有如此丰厚的陪葬品？

国宝24
金银器

馆藏点
中国国家博物馆

嵌珍珠宝石金项链

工艺　　装饰物　　主材质　　器类

整条项链结构复杂，细节处十分考究，以鲜红的鸡血石为视觉中心，配以宝蓝色的青金石、洁白的珍珠，在纯金的烘托下显得格外光彩夺目、雍容华贵，堪称举世无双的艺术精品。

上端
中间有可拆卸的金扣，金扣中间为圆形，内嵌一颗深蓝色垂珠，垂珠上阴刻一只大角鹿
左右各有一方形金饰，内嵌蓝色宝石

链身
由 28 个嵌珍珠的金球组成，以多股金丝编织的链索将金球连接
每个金球由 12 个小金环焊接而成（称为链珠，又称多面金珠），其上各嵌珍珠 10 颗

重 **91.25** 克

周径 43 厘米

下端
正中间是一个圆形金饰，上面镶嵌鲜红的鸡血石，鸡血石四周嵌有 24 颗珍珠
最下面挂一水滴形金饰，镶嵌的是长达 3.1 厘米的罕见青金石

4

1 家世极为显赫

这到底是哪个富贵人家的小孩呢？好在出土的墓志铭为我们解答了这些疑惑。小女孩名叫李静训。关于小女孩的故事，还得从她的姥姥杨丽华讲起。

杨丽华是隋文帝杨坚的长女，杨坚曾是北周朝廷高官。北周武帝宇文邕（yōng）为皇太子宇文赟（yūn）纳娶杨丽华为皇太子妃，这父子二人的名字发音有点儿接近，你们可别弄混了。宇文邕去世后，宇文赟即位，杨丽华就成了北周的皇后。

宇文赟当了两年皇帝就病死了，杨坚篡位建立隋朝，并封杨丽华为隋朝乐平公主，尽一切可能满足杨丽华的需求。但杨丽华遇此人生变故，心灰意冷，直到外孙女的出生，心情才好转。

独孤皇后

杨坚（隋朝开国皇帝）

杨丽华（原北周皇后，后隋朝公主）

宇文娥英

李敏（隋朝上柱国）

李静训（金项链的主人）

2 备受姥姥恩宠

杨丽华的女儿宇文娥英和朝廷大将军之子、才貌双全的李敏结合，有了可爱的女儿李静训。李静训集合了父母的优秀基因，聪慧可爱，深得姥姥杨丽华的喜爱。杨丽华将李静训接入宫中亲自抚养，并给其取字"小孩"，如此称呼，就足见姥姥对她的宠爱。

在皇宫里，李静训所用的物品，包括首饰、日用品，都是绝世珍品。然而小姑娘年仅9岁便生病死去。杨丽华失去心头肉，悲痛欲绝地为她举行了隆重的葬礼，随葬了宝贝外孙女日常所用之物及众多宝贝，其中就包括精美的嵌珍珠宝石金项链。

以后你就叫小孩吧。

3 中西文化交融

听完这条项链主人的故事，再来看看这条项链本身吧。

仔细瞧金项链上端的金扣中间，那颗青金石上凹雕镶嵌着一头大角鹿。大角鹿主要分布在欧亚大陆西北部地区，凹雕技法主要流行于古代两河流域，青金石主要产地是西亚阿富汗地区，而项链下端的圆形鸡血石则是中国特有的玉石材料。这条金项链是各国文化交融的产物。同墓出土的，还有异域风格的金手镯、金银高足杯、波斯萨珊银币等物品，更加印证了这一时期中外交流频繁。

唐三彩骆驼载乐俑

zài yuè

朝代	器类	工艺	造型	用途

汉武帝时期，张骞出使西域，开辟了著名的丝绸之路。在这条遥遥万里、险阻重重的道路上，骆驼成了最重要的运输工具之一。随着中外文化的频繁交流，骆驼也成为财富的象征。

唐朝时期，更加繁荣开放的文化吸引了世界各地的人们，有的乘坐骆驼，经丝绸之路跋山涉水来到长安（今陕西西安），不仅带来了奇珍异宝，也带来了独特的文化。那些吃苦耐劳的骆驼更是成了长安城一道独特的风景。

所以在已出土的唐三彩中经常可以见到骆驼的身影，其中唐三彩骆驼载乐俑是唯一一件被评定为国宝级文物的唐三彩。

哎哟，失误，我的拨片掉了。

这个乐队有点意思，七个乐手七种乐器。

国宝鉴赏

唐三彩骆驼载乐俑釉色明快华丽，人物形象生动鲜活，是唐三彩中的精品。它既是唐代手工艺发达的重要物证，也反映了当时丝绸之路上中西文化交流的盛况。

乐手
七名男乐手身着汉服，分别执笛、箜篌、琵琶、笙、箫、拍板、排箫七种乐器，盘腿围坐一圈，全神贯注地演奏

女俑
梳着唐朝妇女典型的发型，身穿高束腰的长裙，亭亭玉立于七个乐俑中间，边歌边舞

高 58 厘米

骆驼
站在长方形底座上，引颈长嘶，舌尖上卷，四腿强劲有力。驼背上的驮架为一平台，铺有彩色菱形花纹的毛毯

长 41 厘米

国宝故事

1 百戏盛行长安城

当时长安城内有西市和东市两大市场，不仅店铺云集，还有精彩的百戏表演，热闹非凡。百戏在唐代很受欢迎，不仅有歌舞、武术，还包括盘杯、跳剑、吞剑、缘竿等惊险刺激的杂技。

一天，一名手艺高超的匠人在西市闲逛，突然发现前方人头攒动，走近一看是一个街头乐队正在表演。七名乐手执不同的乐器合奏出一曲天籁之音，一名体态曼妙的女子随着音乐，缓缓起舞。回家后，表演的场景在匠人脑海中久久挥之不去，于是他用巧手融入巧思制作了一尊唐三彩骆驼载乐俑。

2 胡部新声奏一曲

仔细端详男乐俑手上的乐器，琵琶、箜篌（kōng hóu）、拍板、排箫、笛、笙、箫，乐器各有不同。有笙、排箫这些中原乐器，也有琵琶、箜篌等来自西域的乐器。

西域音乐通过漫长的丝绸之路来到中原，受到各个阶层的喜爱，唐玄宗曾下令让中原传统曲调与胡乐相融合，创作出的胡部新声在长安风靡一时。许多西域乐工、舞伎在长安梨园谋生。

3 外国人也爱长安

盛唐时期，来长安旅行、学习、做生意的外国人越来越多，有精明能干的粟特人、深眼窝高鼻梁的阿拉伯人，不管他们来自哪里，唐代人都管他们叫"胡人"。他们经丝绸之路而来，只为一睹当时繁华的国际大都市长安。

西市卖日常用品，热闹非凡；东市靠近皇宫，售卖官员和贵族经常光顾的奢侈品。胡人们带着奇珍异宝来到长安，先去西市将东西卖出，再到东市去购物。充满异域风情的音乐、舞蹈、饮食、服饰等都是当时传入中原的，比如菠菜、无花果、胡椒、葡萄酒等食物。

4 艺术瑰宝唐三彩

你可能会问三彩指的是什么。其实呀，三彩以黄、白、绿三种颜色为基本釉色而得名，但实际颜色远不止这三种，可以理解为"多彩"。唐三彩是一种低温铅釉陶具，制造时入窑两次，先烧釉，再以含铅的氧化物为熔剂，这样釉料在高温下就能融化流淌。如此这样，各种不同色釉混合在一起，制造出绮丽的艺术效果。

唐三彩骆驼载乐俑在地下埋葬了1300多年，出土时仍光彩夺目，造型别致，充满着浪漫气息，为研究盛唐音乐、歌舞提供了很好的素材。

画一画

动动手，为这个漂亮的唐三彩骆驼涂上颜色吧！

杯子是我们生活中很常见的日用品，有高脚的玻璃杯、易携带的塑料杯、方便的一次性纸杯、能保温的不锈钢真空杯等。但你见过用玛瑙做成的杯子吗？

　　陕西历史博物馆的镇馆之宝"镶金兽首玛瑙杯"，就是由一整块极为罕见的红色缠丝玛瑙制成的酒杯。玛瑙杯是大唐皇宫中闻名遐迩的珍宝，荣耀一时。然而却忽遭战乱，被人匆匆埋于地下，寂寞安静地等待了 1000 多年。再见天日时，已变换了时空，但不变的是人们对它的喜爱。让我们来看看这究竟是个什么样的杯子。

11

国宝 鉴赏

镶金兽首玛瑙杯造型奇特传神，线条光滑流畅，充满了异域风情，不仅体现了当时工艺的精湛，更是大唐盛世开放包容的见证。

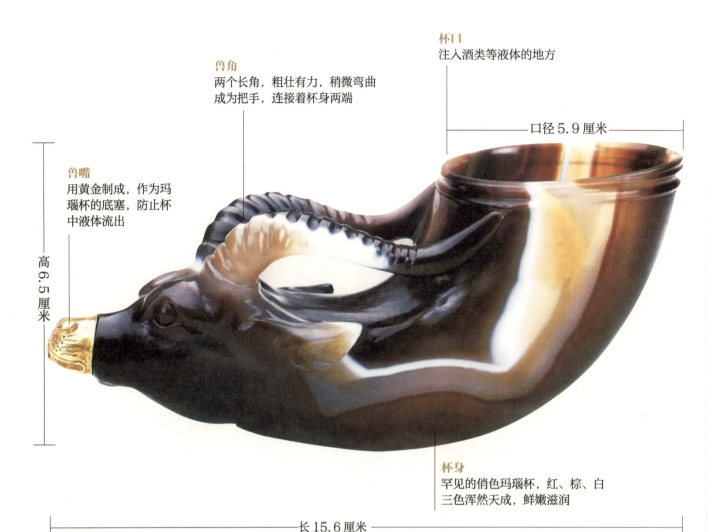

兽角
两个长角，粗壮有力，稍微弯曲成为把手，连接着杯身两端

杯口
注入酒类等液体的地方

口径5.9厘米

兽嘴
用黄金制成，作为玛瑙杯的底塞，防止杯中液体流出

高6.5厘米

杯身
罕见的俏色玛瑙杯，红、棕、白三色浑然天成，鲜嫩滋润

长15.6厘米

 我是小小历史通

"来通"杯到底是什么杯

"来通"是希腊语音译词，有"流出、联通"之意。其形状大多为一种角状漏斗，有羊、牛、马、鹿等草原动物的头部造型。其上下各有一口，上方的大口可以注入酒水等液体，下方的小口有塞子。来通杯来源于古希腊和古波斯，早期主要用于礼仪和祭祀活动，后来成为贵族酒器。目前出土的来通杯多为国外文物，造型多样。

1 西方朋友送来了好礼

大唐威名远播，远在西域的波斯国王也想交大唐这个朋友，于是他派遣一队波斯使者踏上了丝绸之路向东而行。他们满载着奇珍异宝，前往繁华的长安城，希望能博得唐皇的喜爱。

波斯使者来到长安，拜见了大唐皇帝，呈上精心挑选的宝物，有精美的金银器，还有罕见的宝石，其中最珍贵的要数用一整块玛瑙制成的来通杯了。要说大唐皇帝什么宝物没见过，但这样绚丽的杯子真是第一次见。皇帝很高兴地收下了宝贝。

2 长安城有了洋酒吧

唐朝时期不仅出现了镶金兽首玛瑙杯这样具有"洋"血统的酒器，人们还喝上了洋酒。当时的长安城对外开放，商业发达。唐人盛行喝酒风气，胡人开的酒肆颇受欢迎。因为这里除了有上好的西域葡萄美酒之外，还有曼妙的异域风情歌舞可供观赏，大可媲美现在的酒吧。"酒仙"李白当然不会错过这等好地方，他常登门畅饮，并写下"落花踏尽游何处，笑入胡姬酒肆中"的诗句。

3 珍宝差点儿弄丢啦

唐德宗时，长安附近的泾（jīng）原发生兵变，皇帝慌忙出逃。刘震是当时保管朝廷财务的官员，他命人押着大批金银财宝出逃，自己则携带部分轻便贵重的宝贝逃跑。哪知道城门紧闭不得而出，所以他只能返回兴化坊的家中，将这些珍宝就地埋藏。

后来，泾原兵变被平定，刘震却因投敌而被处死，这批珍宝就此被埋入地下，无人知晓。1000多年后，施工工人意外地发现了它们，才使得包括镶金兽首玛瑙杯在内的大唐珍宝重见天日。

4 奢侈品成了无价宝

这件于1970年出土的宝物，其材料之罕见，其雕技之高超，令人叹为观止。这件国之重宝，象征着财富和权力，是一件极为高贵的艺术品，同时它也是见证中外文化交流的一件重要文物。为了更好地保护极为珍贵的国家级文物，国家规定有195件国宝永久不准出国展览，这件宝物便位列其中。

[探访考古现场] 陕西何家村遗宝

在 20 世纪 70 年代，西安城南何家村挖出两个大陶瓮和一个银罐，里面装满了上千件精美文物，这一发掘，使"何家村遗宝"震惊了整个考古界。何家村出土有做工顶级的金银玉器、玛瑙琉璃、中西钱币，每一件宝物都堪称国宝。

遗址概况

据史料记载，何家村在唐朝时被称为兴化坊，是皇族居住的黄金地段。何家村遗宝发现后，由于当时的考古工作存在很大的局限，何家村这一次偶然性的"挖宝"式考古，并没有很好地对其周围遗迹做进一步研究。不得不说这真是个遗憾。如今，曾经的遗宝出土遗址已消失在西安繁华的城市之中。

镶金玛瑙兽首杯
至今所见的唐代唯一一件俏色玉雕，也是唐代中外文化交流的产物

鸳鸯莲瓣纹金碗
可能是皇室用酒器，是目前出土的最富丽堂皇的唐代金碗

鎏金舞马衔杯纹银壶
整体造型仿照骑马的游牧民族储水用的皮囊，周身看不到焊缝

遗址文物

金筐宝钿团花纹金杯
金杯表面掐丝焊接了四朵团花，雍容华贵。出土时团花中还镶嵌有绚丽宝石

葡萄花鸟纹银香囊
唐朝贵妇人使用的香囊。无论香囊如何转动，内部盛放香料的容器都始终保持水平

赤金走龙
修长纤细、体态婀娜的 12 条小金龙，呈现行走的姿态，在唐代被视为祥瑞之物

谁埋藏了这么多宝物

何家村这么多价值不菲的宝物都是谁的呢？考古学家一致认为这些珍宝来自唐宫廷，但对于埋宝人的身份暂无定论，目前推测较为明显的是唐代尚书租庸使刘震。唐租庸使的职责之一就是保管朝廷的财物，所以，这些遗宝很有可能就是他负责保管的宫廷珍宝。

钱币史上的空前发现

何家村出土钱币39种，有唐时流行的开元通宝、西域高昌国的高昌吉利、日本元明天皇铸造的和同开珎、波斯的萨珊银币、东罗马金币等，时代跨度达千余年。这在钱币史上还是第一次，是钱币收藏史上一次空前的大发现。

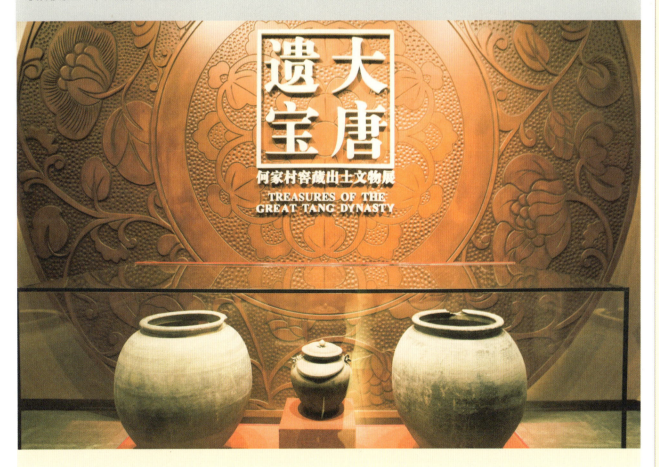

中外结合的文化烙印

这些宝物除了丰富的中国传统工艺和装饰风格外，还含有许多从西域传入的外来文化元素。尤其是金银器，无论从制作工艺还是装饰纹样都有外域文化的烙印，体现了唐文化的多元化。

阎立本《步辇图》

yán niǎn

画家名　　　　　画名

在古代，政治联姻是很常见的。唐朝时的中国是世界上最强大的国家之一，周边前来求亲的国家源源不断。

地处西南的吐蕃（tǔ bō，今中国西藏地区）在公元 7 世纪开始强大起来。吐蕃的首领松赞干布英俊骁勇，他曾两次派遣使者到长安，请求与大唐和亲，但都被唐太宗拒绝了。贞观十四年（640 年），松赞干布第三次派出使者向唐朝求亲，唐太宗在宫内接见了吐蕃使臣禄东赞。

整个接见过程被时任宰相阎立本看在眼里，他挥动生花妙笔，将这一珍贵的场面描绘了下来。这幅最早反映中国汉、藏团结和睦的历史画卷，真实地记录了 1300 多年前唐王朝文成公主和吐蕃松赞干布的联姻佳话。

作品设色典雅绚丽，线条流畅圆劲，构图错落富有变化，是唐代绘画的代表性作品。

横 129 厘米

纵 38.5 厘米

通译者
身份低微，表情唯唯诺诺，体现出唐太宗的威严

禄东赞
身穿吐蕃服装，体型小巧，拱手肃立，显得非常恭敬

典礼官
负责引荐，稳重有礼，身穿红袍

唐太宗
双腿盘坐在步辇上，两眼平视前方，表情从容又威严

九位宫女
各司其职，姿态各异、神态万千

① 三次求亲

松赞干布是历史上吐蕃王朝著名的首领，他对声名远扬的大唐十分仰慕。贞观八年（634年），松赞干布第一次派使者前往唐朝都城长安，一方面想学习唐朝的先进文化，另一方面则是向唐太宗求娶公主，唐太宗没有答应。贞观十二年（638年），松赞干布又派使者入唐求婚，为了向唐朝施压，他亲自率军攻打唐朝的松州，并扬言"如果不把公主嫁给我，我就带兵打到长安"，但很快就被唐朝大军击退了，这次求亲自然也宣告失败。

贞观十四年（640年），松赞干布决定第三次派出使者向唐朝求亲。有了前两次的失败教训，这次他派出了足智多谋的宰相禄东赞。

2 六试婚使

禄东赞奉命带了100人的出使队伍，携带了大量黄金、珍宝等厚礼，出发前往长安去求亲。不料，这次却遇到了另外4个地方的求婚使者。为难的唐太宗下了一道命令，要前来求亲的使者先解答6道题。哪儿的使者能够正确解答，就答应跟哪儿和亲，这便是历史上著名的"六试婚使"。

3 脱颖而出

第一道难题是将一根很细的柔软丝线穿过一颗有九曲孔道的明珠。其他使者怎么穿也不能成功，禄东赞灵机一动，找来一只大蚂蚁，将丝线拴在蚂蚁身上，然后把蚂蚁放进九曲明珠的小孔里，在孔的另一端涂上蜂蜜，不断向孔内吹气。不一会儿，蚂蚁便拖着丝线从孔的另一端爬了出来。毫无疑问，禄东赞胜出。这种方法你能想到吗？

4 过关斩将

接着，唐太宗又出了第二道难题，他让人把100匹母马和100匹小马驹放在一起，要求使者辨认出它们各自的母子关系。禄东赞又想出了破解

办法。他让人把母马和小马驹分开关了一天，不让小马驹吃饲料，连水也不给喝。第二天，再将母马和小马驹同时放出来。饥饿的小马驹慌忙跑向自己的母亲去吃奶，母子关系一下子就清楚了。

另外4道题，认鸡、识木、宰羊揉皮饮酒、赴宴找路回店也被禄东赞一一解答了出来。唐太宗非常高兴，觉得使臣如此机敏，松赞干布就更不用说了。于是决定将文成公主嫁给松赞干布。

5 迎娶公主

文成公主出嫁的消息传到吐蕃以后，吐蕃人民非常高兴。松赞干布亲率队伍从拉萨赶到青海，迎接文成公主。

文成公主出嫁的队伍非常庞大，随文成公主一同入藏的，不仅有侍女仆人，还有很多能工巧匠。丰厚的嫁妆中，不仅有金银珠宝、绫罗绸缎，还有大量的药材、书籍、谷物、蔬菜种子和各种耕种技术。文成公主把先进的生产技术带到了西藏，西南地区和大唐的往来也更加密切了。

　　王羲之出身于书法世家，自幼喜爱书法且刻苦勤奋。据说他常常在一个池塘边练字，每次练完就在池塘里清洗笔砚，久而久之，将整个池塘都染成了墨色。功夫不负苦心人，王羲之在还很年轻的时候，书法造诣就很高了。

　　李白斗酒诗百篇，王羲之的"天下第一行书"也是在酒后完成的。永和九年（353年）的兰亭集会上，微醉的王羲之疾笔写下了令后世倾倒的《兰亭序》。

　　唐太宗是王羲之的头号粉丝，据传他的遗诏中要求将《兰亭序》作为陪葬物件。所以我们现在看到的《兰亭序》都是后人临摹的，其中冯承素的摹本最为著名，也是公认的最贴近王羲之真迹的摹本。

国宝鉴赏

冯承素摹王羲之《兰亭序》卷是最为接近王羲之原迹的唐摹本。此卷既保留了照原迹勾摹的痕迹，又显露出自由临写的特点，非常精美。

长 69.9 厘米

写错字了，涂抹掉

全文描述了兰亭集会，抒发了对天地、自然、人生的感悟，文字隽永、意境优美

20 个 "之" 字，字字不同，各逞美态

破锋
笔毫似乎分了岔

断笔
笔画不连贯，出现中断

贼毫
个别笔毫不听指挥，四处游走，自由浪漫

国宝故事

1 兰亭集会流觞赋诗

永和九年（353 年）的上巳（sì）节这天，王羲之在会稽（kuài jī）山阴的兰亭组织了一场风雅集会，41 位文人雅士出席了此次集会。不知是谁提出了曲水流觞（shāng）的玩法，大家散坐在蜿蜒曲折的溪水两旁，由书童将盛满酒的羽觞（酒杯）放入溪水中，让其顺流而下，觞在谁的面前停下，谁就得赋诗，若吟不出诗，则要罚酒三杯。

"崇山"是漏掉了后补的，没有空间可以写了，不得不写在旁边

"癸"字是后加上的，所以写得很扁

2 醉酒偶得第一行书

曲水流觞活动共得诗37首，大家打算把这些诗作编撰（zhuàn）成集，纪念此次盛事，现场推举王羲之为诗集作一篇序文。王羲之乘着酒兴，用鼠须笔在蚕纸上，洋洋洒洒地写下了28行324个字，这就是被后人誉为"天下第一行书"的《兰亭序》。

《兰亭序》是王羲之半醉半醒间一挥而就写下的，写了错字就划掉。第二天，酒醒后的王羲之觉得《兰亭序》里有划掉的错别字，显得不工整，于是他想抄写一份工整的《兰亭序》，可是怎么都写不出前一天的行云流水、俊朗飘逸了。

上酒上酒，我就不信写不出昨天那样的好字了！

4 唐太宗智取《兰亭序》

王羲之十分珍视《兰亭序》，把它视为传家宝，一直传至第七世孙智永。智永后来出家当了和尚，他去世前将《兰亭序》传给了弟子辩才和尚。

唐太宗对王羲之的书法情有独钟，当他得知《兰亭序》在辩才和尚手中后，便多次派人索取，辩才和尚推说不知《兰亭序》的下落。唐太宗于是派监察御史萧翼装扮成书生与辩才和尚交好，然后运用激将法让辩才和尚展示《兰亭序》，待真迹出现，萧翼向辩才和尚出示唐太宗的诏书，就这样，《兰亭序》就到了唐太宗的手中。

3 后世摹本展现风采

虽然今天见不到王羲之《兰亭序》的真迹了，不过我们仍能从后世的摹本中领略它的风采。比较著名的摹本有褚遂良、冯承素、虞世南的墨迹摹本，其中最受推崇的就是冯承素摹本《兰亭序》了。

冯承素的这个摹本流传最广，当然这也得益于后世收藏家的赞誉。据说他临摹时，先用一张半透明的纸覆盖在原作上，然后用很细的勾线笔把字的外轮廓画出来，再往轮廓里填写墨汁。加之他本人对王羲之的字深有研究，所以摹写得惟妙惟肖。这种方法估计初学书画的你也试过吧。

倒也不难，真迹就在我这里。

可惜《兰亭序》早已不知去向，晚生无缘得见。

恭祝皇上圣
体康泰!

liú
鎏金舞马衔杯纹银壶

工艺　　　题材　　　材质　　　用途

　　现代生活中,对于非草原地区的人来说,马并不常见。但是在古代,马用于战争或出行,倒是颇为常见。唐玄宗李隆基十分喜爱骏马,他找来专门的驯马师,训练出了一些特殊的马,这些马既不是战马,也不用于出行,而是拥有一项特殊的技能——跳舞,因而被称为"舞马"。舞马是唐代的舞蹈明星,只有级别较高的王公贵族在唐玄宗的生日宴会上才能一睹它们的舞姿。

　　唐朝之后,舞马在历史的变革中销声匿迹。幸运的是,舞马的风采被唐代的工匠们留在了一件盛酒的银壶上,它就是鎏金舞马衔杯纹银壶。鎏金舞马衔杯纹银壶呈扁圆形,采用的是北方游牧民族使用的皮囊与马镫(dèng)的综合形式。壶腹两侧是舞马图,描绘了舞马口衔酒杯向唐玄宗祝寿的场景。

国宝鉴赏

鎏金舞马衔杯纹银壶造型、纹饰别具匠心，制作精湛，舞马形象栩栩如生；更因其印证了史书中记载的唐玄宗驯养舞马祝寿的故事而弥足珍贵。

壶盖
壶上方的一侧开有竖筒状的小口，上有鎏金壶盖，壶盖与壶柄间有银链相连，可防止壶盖丢失

提手

工艺
工匠利用金属的延展性，采用了锤揲技法。先用一整块银板锤打出壶的大致形状，然后用压模的方法，在壶身的内侧锤击出凸于器物表面的舞马，最后将两端焊接起来，再焊接上底部

壶身
壶身的两侧各有一匹舞马，马的后蹄弯曲蹲坐，前蹄撑地，马尾高扬，柔顺的鬃毛披在前额和脖颈上，颈上系有彩带，随风飘舞。马的口中衔一酒杯，向主人行礼

重 549 克

高 18.5 厘米

足部
壶身下焊有椭圆形的圈足，圈足与壶身之间装饰有一圈环环相扣的同心结纹饰

26

国宝
故事

1 舞马之盛行

唐玄宗李隆基在位早期励精图治，开创了开元盛世，使大唐王朝达到了鼎盛；在位后期，面对繁华盛世，唐玄宗有些骄傲，便开始纵情享乐。喜爱骏马的他，找来专门的驯马师，挑选良马，训练出会跳舞的马。舞马对外形和身体素质要求很高，来自西域的天马成为首选。据史书记载，唐玄宗在宫中共驯养了400匹舞马。

皇帝爱马，贵族必然效仿。加上当时社会上胡风盛行，贵族无论男女都喜欢骑乘。出游狩猎、打马球及舞马等与马有关的活动十分盛行。

这可难不倒我。

来来来，看我，抬起右腿。

2 给皇帝祝寿

唐玄宗的生日是农历的八月初五，这天被定为"千秋节"。每年的千秋节，唐玄宗都会在兴庆宫的勤政务本楼前举行盛大的宴会，文武百官和国内外的亲朋好友都会前来祝贺。席间有各种歌舞和杂耍表演，而舞马是必不可少的表演项目。上百匹舞马披金戴银，在欢快的乐曲中翩翩起舞，跳到高潮的时候，领头的舞马会衔起酒杯给唐玄宗祝寿。

3 诗中见舞马

唐代许多文人都曾写下关于舞马的诗句，但舞马具体是什么样子，人们只能依靠想象。鎏金舞马衔杯纹银壶被发现后，人们根据唐朝宰相张说的《舞马千秋万岁乐府词》中描述的场景可以一窥真容。

"屈膝衔杯赴节，倾心献寿无疆""更有衔杯终宴曲，垂头掉尾醉如泥"的描述，确定了这件银壶上的舞马作翘首摆尾、衔杯跪拜之状，应是当时舞马祝寿情景的真实再现。

4 悲惨的结局

然而好景不长，后来唐朝发生了安史之乱，安禄山的叛军攻陷都城长安，唐玄宗弃城而逃，一部分舞马由此流落到安禄山手下的一名大将田承嗣手中，被充作了战马。一天，军中宴乐，舞马听见乐曲习惯性地翩翩起舞，士兵见状误以为这些马是妖马，将它们鞭打至死。

安史之乱被平定后，唐肃宗曾派人去寻找流落到民间的舞马，但找回来的寥寥无几。唐代后期，皇室衰微，皇帝自然没有心思去管什么舞马了，舞马之技便逐渐失传。舞马生于盛唐，死于安史之乱，是唐朝由盛转衰的历史见证。

定是妖马，快快受死！

顾闳中《韩熙载夜宴图》

hóng xī

五代南唐时期，有一位很有才华的官员，他叫韩熙载。

一天晚上，韩熙载邀请了很多朝廷中的好友来家里参加宴会。他们一起聆听了琵琶演奏，观看了当时流行的六幺（yāo）舞，还欣赏了横笛、筚篥（bì lì）吹奏……夜幕已深，韩府依旧灯火通明，宾客们说说笑笑，很是热闹。

这六幺舞好学。

可是我这打板好难学呀。

令人意外的是，不久后，宴会上的场景被事无巨细地描绘了下来，并献给了当时的皇帝李煜（yù）。这就是后世极为推崇的中国十大传统名画之一的《韩熙载夜宴图》。

《韩熙载夜宴图》由五代画家顾闳中所作，现存于北京故宫博物院的为宋临本，清朝时被乾隆皇帝收藏，后流出清宫，1945 年被张大千收藏。

全卷长 335 厘米，以连环画的形式再现了韩熙载夜宴宾客的历史情景，场景间以屏风隔扇加以分隔，又巧妙地相互联结。人物神态刻画栩栩如生，线条工细流畅，色彩绚丽清雅，富有层次感。

1. 琵琶独奏

此时夜宴刚刚开始，宾客齐聚一堂，所有人都把目光投向了弹琵琶的女子，聚精会神地聆听

李家明
教坊副使，负责管理在宫廷中演出歌舞、散乐、戏剧的艺人

王屋山
韩熙载最宠爱的歌舞伎

朱铣
南唐著名书法家

郎粲
状元，喜欢歌舞，为韩熙载所赏识。身穿红袍，头戴乌纱帽，与主人同坐在床上，显然是此次宴会的贵客

李姬
韩熙载的家伎，也是李家明的妹妹

陈致雍
掌管祭祀、礼乐、选试的博士，他与韩熙载交情很好

韩熙载
画作的主人公，他坐在一张大床上，身穿黑灰色衣服，头上戴着高纱帽

2. 集体观舞

王屋山随着鼓声翩翩起舞，宾客们姿态各异

德明和尚
韩熙载的好朋友，他背过身，做恭敬的叉手礼，内心有点窘迫和尴尬

韩熙载
脱掉黑袍，双手击鼓

王屋山
跳的是当时流行的舞蹈六幺舞

3. 宴间休息
舞蹈表演结束后，大家感觉有些疲惫，于是稍作宴间休息

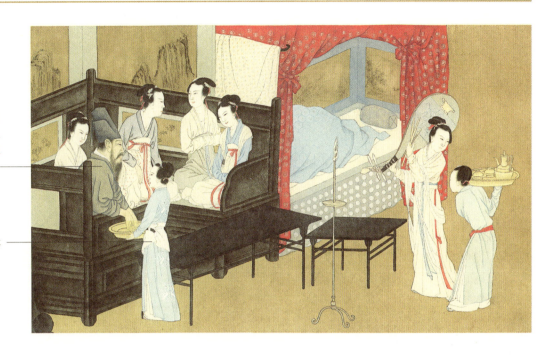

韩熙载
重新披上黑袍，坐在床上一边与身边的乐伎聊天，一边洗手

王屋山
端着水盆，伺候韩熙载洗手

4. 独自赏乐
韩熙载坐在椅子上听 5 名乐伎吹奏

乐伎
两人吹横笛，三人吹筚篥

韩熙载
不仅脱掉了黑袍，衣襟还敞开着，他拿着扇子，放松惬意

李家明
正在演奏拍板

筚篥
古代的管乐器

1 韩熙载被猜疑

　　韩熙载，后唐进士，因父亲在官场争权被杀，只能离开家乡，南下辗转逃到了吴国。在这里，他受到了吴国实权掌握者徐知诰（gào）的赏识，徐知诰就是后来南唐开国皇帝李昪（biàn）。南唐建立后，韩熙载受到了两任皇帝的重用，为南唐中期的繁荣立下了汗马功劳。

　　南唐后期，李煜继位。说到李煜，千古名句"问君能有几多愁，恰似一江春水向东流"便出自他手。他是一个有才情的诗人，却不是一个称职的皇帝。这个短命的王朝此时国势已江河日下，面对北方敌国的进犯，李煜开始对北方来的官员很是猜忌，这其中自然包括富有政治才能的韩熙载。

问君能有几多愁，恰似一江春水向东流。

愁啊，愁啊，我也愁。

2 "间谍"赴宴

聪明的韩熙载自然明白皇帝的心思，为了表明自己并没有政治野心，他开始伪装自己，整日沉迷于歌舞享乐。但李煜对他还是不放心，找来画家顾闳中和周文矩，交给了他们一项特殊的任务。

这天晚上，韩熙载的府上又要举办宴会，任务在身的两人赶紧前去拜访，想趁此机会打探消息。不过整场宴会下来，他们并未发现异常之处。

结束夜宴后，两人凭借敏捷的洞察力和惊人的记忆力，由顾闳中执笔，将宴会的每个细节都画了下来，并将它献给了皇帝，算是圆满完成了任务。

这些人真会享受。

3 弃豪宅买名画

清朝时，这幅画被名将年羹尧所得，他还特意题跋。后来年羹尧被抄家，画作流入皇宫，乾隆皇帝特别喜欢。清朝灭亡后，末代皇帝溥仪离开故宫时带走了这幅画，后来颠沛流离，这幅画被北京玉池山房的古董商马霁川收购。

当时国画大师张大千准备以500两黄金的价格在京城购买一座前清王府。与此同时，他也听说了《韩熙载夜宴图》的下落，对方开价刚好也是500两黄金，张大千看过画作之后，毫不犹豫地用买宅子的钱买了画。再后来，这幅画辗转被北京故宫博物院收藏。

4 名画好在哪里

《韩熙载夜宴图》以连环长卷的方式展示了韩熙载夜宴情景，人物画技法构图精妙。

长卷被巧妙地分为五部分，每部分间既独立又连贯。看上去就像是一幅电影胶片一样，承前启后。此画在美术史上有很重要的地位，代表了古代工笔重彩的最高水平。

《韩熙载夜宴图》又是古代写实性较强的代表作之一，其内容丰富，涵盖了家具、乐舞、衣冠服饰、礼仪等方面，是研究五代时期服饰、装饰等艺术风格的重要参照物，对研究中国古代绘画、传统服饰、民族音乐以及古代人文生活艺术具有极高的参考价值。

宋朝

卷

　　宋朝在中国历史上是一个富有品位和艺术情调的时代。

　　乱世中取得政权的大宋，深知武将雄踞一方的危害，重文轻武成为大宋王朝的基本国策。宋朝给了文人一个良好的成长环境，在这样的环境下，文学和艺术发展到了一个高峰。

　　宋朝文人的做官之路并不是一帆风顺的。比如唐宋八大家之一的苏轼，仕途就相当坎坷了。苏轼几次被贬谪（zhé），面对官场的起起落落，他写下了被后世誉为"天下第三行书"的《黄州寒食帖》。有书便有画，宋朝还诞生了中国绘画史上的珍品《清明上河图》，无论是艺术价值，还是史学价值，都极为珍贵。这一时期的缂丝工艺与书画艺术相结合，诞生了多件缂丝精品。另外，宋瓷著名的"五大名窑"也是中华文化献给人类文明的巨大财富。它们共同构成了领先世界千年的大宋美学。

张择端《清明上河图》

作者　　　清明节　　　京城的汴河　　　图画

北宋之前，商业活动受朝廷管制，到了晚上，店铺禁止开门，人们也不能随意出门。到了北宋时期，这些规矩被打破。店铺可以通宵营业，无论白天还是晚上，街上都热闹非凡，就跟现在的情况差不多。

有这样一幅传世名画，它像是一部电影，又像一幅城市速写，生动记录了北宋都城汴京繁忙的都市生活，它就是《清明上河图》，一部描绘宋代生活的百科全书。如今，在河南开封（古称汴京）有座清明上河园，就是以这幅画为蓝本建造的。

接下来，让我们穿越千年，一起到汴京的街头去看一看。

《清明上河图》内容丰富，全面展示了北宋汴京城街市的繁荣景象。熙熙攘攘的街道场景图中，穿插着各种情节，繁而不乱。

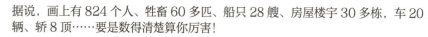

据说，画上有 824 个人、牲畜 60 多匹、船只 28 艘、房屋楼宇 30 多栋，车 20 辆、轿 8 顶……要是数得清楚算你厉害！

欣赏画卷，卷首在右，从右至左徐徐打开。全长528厘米，内容布局是这样的：

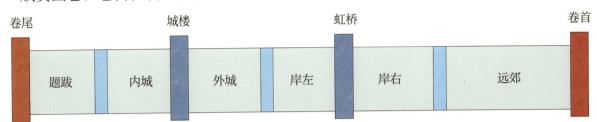

卷尾　　　　　　　城楼　　　　　　虹桥　　　　　　　　　　卷首

题跋　内城　外城　岸左　岸右　远郊

说书
宋朝兴起了话本，说书
是当时流行的娱乐方式

杨家应诊
医馆

正店
也就是酒店，这种店受朝
廷授权，可以住宿、卖酒

"刘家上色沉檀拣香"招牌
宋代流行配香，卖香要经过
官府特许

便携式货架
货架可以折叠，展开后可在
里面摆放货物

化缘
北宋清明节朝廷官员放假3
天，图为官员遇见了化缘的
和尚

洒车
车上的酒桶当时叫"梢桶"

红娘
北宋的媒婆是分等级的，轿中女子头上
戴的绢帛花冠，是宋代媒婆的标志

柳树
嫩绿的枝叶表明画中描绘的季节可能
是春天

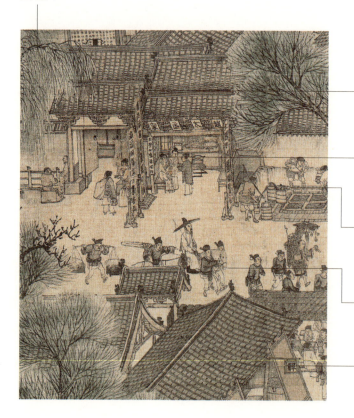

官宅
据门档判断，主人官级至少六品以上

贵妇
她的宽松短外套和"盘福龙"发型都是当时最时
兴的打扮。整幅画只画了十几位妇女

食用水井
汴京的水源丰富，但当时水质不佳，所以有专门
的食用井

马匹
整幅作品画了20余匹马。因为金贵，马只能被
人骑，不能拉货

"解"字招牌
一个算命先生的铺子。此图画有各行从业者

1 把这座城市画下来

如果你家在城市里，你有没有想过把这座城市画下来？早在北宋，就有人做了这样的事情，此人名叫张择端。

关于张择端这个人，史料记载极少。大概可以知道的是，他幼年熟读诗书，年轻时游学于京师，后来转而学习绘画。他很有绘画天赋，擅长画路上的马车、河里的船只以及路边的建筑等，写实细致，可谓自成一派。后来他完成了巨作《清明上河图》。

我一定要比王希孟画得好。

2 是盛世还是危机前兆

《清明上河图》画的是清明时节，北宋国都汴梁的世俗风景，从城外到城内，有抬轿的、骑马的、卖药的、赶船的、饮酒的、当差的、抱孩子的……各式人物轮番登场，热闹非凡。

历来，对这幅画的解读各不相同，有人认为画作展现了京城的祥和之情，是作者讨好皇帝宋徽宗的大作。也有人认为这幅画里，表面繁华的汴京城背后已隐患丛生，比如城门布防松散、望

火楼上下无人驻守。作者只是把所见真实地反映在画上，提醒皇帝。可惜的是，仅仅 20 多年后，金兵南下，北宋灭亡，汴京城成了一座空城。

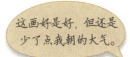

这画好是好，但还是少了点我朝的大气。

3 小心，可别撞上桥

《清明上河图》里场景众多，其中大船抢险的场景让人印象深刻。汴河是北宋的漕运枢纽，河上船只穿梭不绝。一座巨大的虹桥横跨汴河两岸。

这天，虹桥上行人摩肩接踵（zhǒng），甚至有点拥堵。再看桥下，一艘大船正要穿过桥洞，但大船的桅杆却忘记放倒了，眼看着就要撞上虹桥了。船上的人马上行动起来，有人去放倒桅杆，有人用标杆顶住桥梁，还有人撑起长篙，让船转向。

桥上的行人有的伸头看热闹，有的大喊着出主意，整个场景动态十足。

4 都叫清明上河图

张择端的《清明上河图》问世后，后世很多人模仿绘制过诸多版本。他们大多以原图复制本作为底子，然后根据自己的想象来发挥完成。

总体来说，《清明上河图》除了张择端的真迹外，还有明代仇（qiú）英的"仇英本"和清代宫廷画家的"清院本"。中国台北故宫博物院、英国大英博物馆、美国大都会艺术馆均有收藏。除了绘本之外，这幅画的内容还被做成木雕版、泥塑版、乐高版，以及会动的电子版等，可谓"明星产品"。

苏轼《黄州寒食帖》

tiè

作者　　　　地名　　　　寒食节　　字帖

"大江东去，浪淘尽，千古风流人物。""明月几时有，把酒问青天。"

这些豪放大气的诗词，都出自北宋文学家苏轼之手。能写出如此诗词的人，他的人生必定春风得意吧？可恰恰相反，苏轼的一生多次被贬谪，生活颠沛流离。

元丰二年（1079年），苏轼因乌台诗案被贬谪到黄州。随后几年，日子过得穷困潦倒。在黄州第三个年头的寒食节，苏轼面对着到处漏雨的破屋，无米下锅的厨房，这一切击倒了他以往乐观的心态，于是他提笔写下了两首寒食诗来抒发心中的惆怅孤独。

通篇诗稿，不仅诗好，书法更是被后世推崇，这就是被称为"天下第三行书"的《黄州寒食帖》。

唉，这日子苦啊。

43

《黄州寒食帖》是苏轼在苍凉惆怅的心境下有感而写的。随情感的变化，字体或大或小、或疏或密、有轻有重，通篇气势奔放、变化万千。该作品在书法史上影响很大。

纵 34 厘米

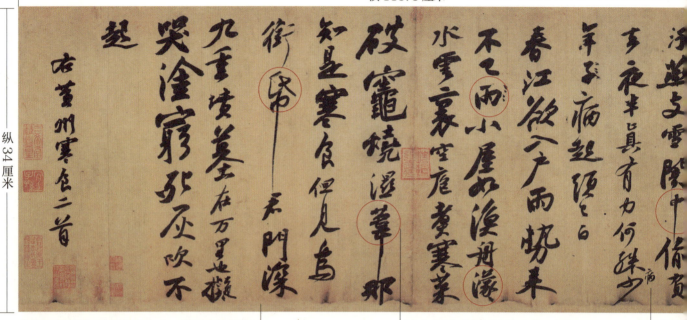

从卷初至卷尾，字形由小变大，笔墨由淡变浓，体现了苏轼心情的变化

"年""中""苇""纸"四字，运用长长的拖笔释放空间，使作品舒朗有致

1 乌台诗案惹麻烦

元丰二年（1079 年），42 岁的苏轼被宋神宗调任湖州知州。依照惯例，他要给皇上写一封感谢信，其中有一句半是谦虚半是牢骚的话："陛下知其愚不适时，难以追陪新进；察其老不生事，或能牧养小民。"意思是："我知道自己生不逢时，不能追随朝中新进人士；陛下也知道我年纪大了不会惹是生非，所以派我来管理小老百姓。"

当时宋神宗正支持新党改革，新党派看到这些话，非常不爽，就向宋神宗告发苏东坡讽刺朝廷。神宗于是派人将苏轼抓捕回京，交给御史台审讯。御史台柏树很多，乌鸦栖息在树上，也被称为乌台，这个事件后来就被称为"乌台诗案"。

3 成了东坡居士

后来，为了生存下去，苏轼向黄州太守要了一块荒草丛生的土地，自己带领一家老小开垦种菜，解决了一家人的温饱问题。苏轼非常感激这片城东门外的土坡，从此自号"东坡居士"。

生活渐渐有了起色，苏轼又在地头自建了五间草屋，并取名"雪堂"。在这之后，苏轼经常跟友人一起读书劳作两不误，他还自己做东坡肉、东坡羹，自酿东坡酒，将生活过得有滋有味，跟以前大不一样了。这段时间也是苏轼创作的黄金时期，《赤壁赋》和《念奴娇·赤壁怀古》等千古名篇更是开创了一派"豪放"词风。

哈哈！过儿，它在帮我锄地呢，随它高兴去。

父亲，你看小狗在搞破坏。

苏轼之子苏过

（一）
自我来黄州，已过三寒食。
年年欲惜春，春去不容惜。
今年又苦雨，两月秋萧瑟。
卧闻海棠花，泥污燕支雪。
暗中偷负去，夜半真有力。
何殊病少年，病起头已白。

（二）
春江欲入户，雨势来不已。
小屋如渔舟，濛濛水云里。
空庖煮寒菜，破灶烧湿苇。
那知是寒食，但见乌衔纸。
君门深九重，坟墓在万里。
也拟哭途穷，死灰吹不起。

一挥而就的手稿，有修改，"病"是后补上的字

2 寒食惆怅触真情

听说宋神宗将苏轼下了大狱，朝中一些老臣，包括我们熟知的王安石、司马光等人都来求情，最终苏轼死里逃生，被贬到湖北黄州，降职成了一个八品小官。

在黄州，苏轼先后居住过破庙和废弃驿站，日子过得特别艰苦。到了第三个年头，全家贫苦生活依然没有改善，时不时还要靠朋友接济。三月初七的寒食节这天，春雨已经下了很久，苏轼望着到处漏雨的驿站，想到厨房已没米下锅，只能煮些野菜，而自己前途渺茫，找不到出路，他顿时心情凄凉，挥笔写下两首诗，完成了被后世称为"天下第三行书"的《黄州寒食帖》。

4 字帖的坎坷身世

《黄州寒食帖》后来辗转为河南永安县县令张浩所得，他曾带着诗稿去拜访黄庭坚，黄庭坚当即在诗稿上题写了跋。清代，《黄州寒食帖》被收入宫中，乾隆皇帝见到此帖心痒难耐，于是在苏轼和黄庭坚两位大家的文字中间加了一段题跋。后来，清朝没落，《黄州寒食帖》不仅经历了火烧圆明园，还流落到日本，遇上了关东大地震。幸运的是，它一次次躲过灾难，现藏于台北故宫博物院。

45

朱克柔缂丝《莲塘乳鸭图》

kè

工匠名　　织造工艺　　　　作品名称

随着科技的进步，绝大多数传统手工艺都能用机器操作来完成。不过，至今为止，古老的缂丝工艺只能依靠人工来完成。

缂丝，就是将极细的丝线缂成画。朱克柔缂丝《莲塘乳鸭图》是现存宋代缂丝作品的代表。图中一雌一雄双鸭悠闲地游于萍草间，它们的身旁有一双儿女相随。稍远处，一对白鹭相伴而立。周围白莲、萱草、荷花环绕，一只红蜻蜓立于莲蓬之上，整个画面温馨、生动。

我们可以从图上的朱红印得知这幅作品的作者名叫朱克柔，这个人是谁？《莲塘乳鸭图》又到底珍贵在哪里呢？

47

国宝鉴赏

这件缂丝画幅极大，色彩丰富，丝缕细密适宜，层次分明，画面生动活泼，是现存宋代缂丝作品中的巅峰之作。

横108.8厘米

翠鸟　木芙蓉　蜻蜓　荷花　燕子

芦苇
白百合
萱草
太湖石
玉簪花

绿头鸭
白莲
水凫

石竹　白鹭　朱红印"克柔"

1 缂丝是什么

影视作品里经常能看到皇帝的"龙袍"、皇后的华服，每次出场都是极为华美，这是什么面料做的呢？答案便是缂丝。

"缂"字音"kè"，同"刻"，是一种"通经断纬"的丝织技艺。这里说的经线（本色）可以理解为竖线条，纬线（多色）为横线条。在经纬线不同色彩交替处，以及各种纹路的边界，会呈现出用刀雕琢镂刻的效果，也正是因为这样，才得名"缂（刻）丝"。

> 我这身缂丝龙袍不便宜哦。

2 朱克柔闭门织画

朱克柔是宋代缂丝画的顶尖高手，她名叫朱刚，克柔是她的字。朱克柔是华亭县（今上海松江）人，出身于大户人家，自幼受名师指点学习绘画，也有专门的教导婆婆教习女红（nǚ gōng，指古时女子所做的针线、纺织、刺绣等工作和成品，就像如今的裁缝一样）。她的缂丝作品风格淡雅，成为当时官僚文人争相收藏之物。

虽然名声在外，但朱克柔并不满足，她立志要做出天下第一的缂丝画。以什么作为画作的内容呢？望着院中莲塘里的乳鸭白鹭，她立马有了灵感。

就这样她闭门谢客，花了8年时间终于完成了这幅《莲塘乳鸭图》。

3 一寸缂丝一寸金

古人言"一寸缂丝一寸金"，可见缂丝作品的珍贵。

缂丝之所以高贵，首先因其耗费工时实在巨大，集万缕千丝终成一佳作；其次，缂丝书画并非简单地照葫芦画瓢，对于作者来说，精湛的书画底子和纯熟的工艺技巧，都是缺一不可的。如果再没有一点定性能坐下来好好织物，那自然就完不成了。

古代缂丝作品大多为皇室所垄断，都是皇宫里的宝贝，所以现存古代缂丝作品身价自然就更高了。

 我是小小历史通

《红楼梦》里见缂丝

在中国古代四大名著之一的《红楼梦》里，就有缂丝的记载。第三回写王熙凤第一次出场，便是"外罩五彩刻丝石青银鼠褂"；第七十一回写贾母庆寿，江南甄家送来了"一架大围屏十二扇，是大红缎子刻丝满床笏"，此两处"刻丝"便为"缂丝"。作者曹雪芹的祖父曹寅曾担任苏州织造之职，所以作者深知缂丝之珍贵，是贵族见客送礼撑场面的奢侈品。

[学点文物鉴赏] 缂丝工艺

缂丝又称"刻丝"，是中国一种传统的丝织工艺。因其图案精美，工艺复杂，得之不易，又有"一寸缂丝一寸金"之说。

发展历程

时期	阶段	特征	代表作品（收藏地）
唐代	发展期	出现了现存最早的缂丝作品，多为较窄的带饰小件，以几何花纹为主	几何纹缂丝腰带（新疆博物馆）、唐缂丝八宝带残件（英国大英博物馆）、唐缂丝带（日本奈良正仓院）
宋代	鼎盛期	缂丝工艺与书画艺术巧妙结合，内容更富有立体感，且艺术成就高超	莲塘乳鸭图（上海博物馆）、宋缂丝紫鸾鹊谱（辽宁省博物馆）、缂丝梅鹊图轴（北京故宫博物院）、花鸟画（台北故宫博物院）
元代	平稳期	简练豪放，喜欢使用金线，产量少，多为佛教挂轴作品，有出现元朝皇帝缂丝形象	大威德金刚曼陀罗（美国纽约大都会艺术博物馆）、东方朔偷桃图（北京故宫博物院）
明代	兴盛期	缂丝技艺再次兴起，苏州一带缂丝为上品，出现加织金线、孔雀羽毛等技法，作品华丽	赵昌花卉图、瑶池吉庆图（北京故宫博物院），梅花绶带图（辽宁省博物馆）
清代	全盛期	兼顾实用性与艺术性，出现双面缂、毛缂丝，创造了缂绣混色法。乾隆时期佳作很多	乾隆御笔朱竹图、富贵长春图、多件清帝缂丝龙袍（北京故宫博物院）
当代	恢复期	以苏州为代表的缂丝手艺人沿古创新，主要以修复文物级的宫廷服饰和工艺挂屏为主	当代作品多为生活化、文创类的饰品，如台扇、挂屏、台屏、卷轴、摆件等

缂丝是怎么织出来的

　　缂丝的工艺流程很复杂，多达十几道工序。在这里我们主要认识一下缂丝工艺的最基本技法——通经断纬，以及织机上的主要辅助工具梭子、拨子。

经线
纵向，为较细的没染色的生蚕丝，是缂丝织品的基本架构

纬线
横向，为染色后的彩色熟蚕丝，织就丰富多彩的拼色图案

这两种线就像地球的经纬线一样，来回交织在一起，构成缂丝作品

梭子
竹制品，外形如一叶小舟，两头尖，中间宽，中间有可转动的竽筒。竹梭为穿纬线用，每一竹梭配一种颜色纬线，根据作品大小和图案丰富度备用几十乃至几百只梭子

拨子
同样以竹子制成，两头都像木梳一样，梳密度一多一少，分别用于梳理打紧长纬线和短纬线

你知道吗?

耗费时间
熟练的缂丝工人，织最简单的花纹，1小时只能织2~3厘米。

耐受性好
缂丝经得起摸、擦、揉、揩、洗，被称为"千年不坏的艺术织品"。

汝窑天蓝釉刻花 鹅颈瓶

^{rǔ} ^{yòu}

窑名　　　釉色名　　　工艺　　　造型　　　器型

我们常说唐诗宋词，其实宋朝不只有"宋词"，还有"宋瓷"。

中国陶瓷的发展源远流长。北宋时期，由于历任皇帝的喜爱，瓷器烧造业空前发达，瓷窑遍布大江南北，诞生了汝窑、官窑、哥窑、钧窑、定窑五大名窑。其中专为皇宫生产御用瓷器的汝窑，为五大名窑之首。

汝窑只在北宋晚期烧了大约20年，因此传世汝官瓷极少。在民间，有"纵有家产万贯，不如汝瓷一片"之说。汝瓷釉色以天蓝最为珍贵。在目前已发现的汝官窑传世器物中，天蓝釉刻花鹅颈瓶既是唯一一件由考古工作者发掘的，又是唯一一件刻花作品，因而弥足珍贵。据说，这一切都要从宋徽宗的一个梦说起。

国宝
鉴赏

天蓝釉刻花鹅颈瓶风格清新秀丽，造型端庄典雅，体现了北宋时期自然简约的审美取向。它是全世界唯一一件有刻花纹样的天蓝釉汝瓷，弥足珍贵。

口径 5.9 厘米

口部
敞口

颈部
细长颈，刻有
两组若隐若现
的折枝莲花纹

腹部
圆腹，刻有
两组若隐若
现的折枝莲
花纹

器身曲线流畅，
表面施天蓝釉，
釉层均匀莹润

高 19.5 厘米

底径 8.2 厘米

足部
圈足，底部无釉，
漏出香灰色胎

我是小小历史通

宋人钟爱的素雅之美

天青色，是一种介于蓝和绿之间的美丽颜色，几乎成了汝窑釉色的代名词，这也是宋人追求的简约素雅之美。

与华丽多变的明清瓷器不同，汝窑基本都素面无纹，仅以造型和釉色取胜，极致清雅。别看这件看似简约的花瓶，它却已是汝窑产品中最难烧制的另类之作，且依然保持了汝窑的一贯审美及高标准，可以说是天下无双，极为珍贵。

国宝 故事

① 宋徽宗一梦下圣旨

北宋皇帝宋徽宗有着极高的艺术天赋，他不擅长处理朝政，却痴迷于书法绘画，还经常有一些天马行空的想法。有一次，宋徽宗在批阅奏章时睡着了，做了一个梦，梦中大雨倾盆，不一会儿天晴了，乌云散去，天空呈现出非常好看的蓝色。一觉醒来，宋徽宗对梦中的天蓝色念念不忘，能不能烧制出此种颜色的瓷器呢？于是他给宝丰汝瓷御窑厂下了一道圣旨："雨过天晴云破处，这般颜色做将来。"

② 窑工接旨忙研发

接到圣旨后，窑工们夜以继日地进行研发。当时烧制出的汝瓷为青色，成色好一些的被称为"天青""粉青"，然而圣旨中描述的颜色，谁都没有见过，只能一遍遍试验。眼看期限就到了，烧出的汝瓷釉色依然不太对。当时汝州附近盛产玛瑙矿，于是一位经验丰富的老窑工提出，玛瑙色泽丰富，将它掺入釉中会不会改变汝瓷的颜色？果然，加入玛瑙石并经过反复试验，他们终于烧制出自认为满意的天蓝色汝瓷。

③ 皇帝又出新难题

这件汝瓷随即被送入宫中，宋徽宗非常满意，他认为这件汝瓷的颜色比自己梦里的天空还要美。这位天马行空的艺术皇帝又产生了一个新的想法，在天蓝色汝瓷上阴刻花纹，一定更美。于是他又下令宝丰汝瓷御窑厂烧制阴刻花纹的天蓝色汝瓷。窑工们又开始忙碌，这次他们烧制出了一件顶级汝瓷，给它取名为天蓝釉刻花鹅颈瓶。

④ 珍品被埋近千年

遗憾的是，宋徽宗却没能看到天蓝釉刻花鹅颈瓶。因为不久后北边的金兵就打了过来，宋徽宗和儿子宋钦宗被俘，北宋灭亡，汝瓷的历史也宣告结束。汝州被金兵占领，宝丰汝瓷御窑厂的一名老窑工偷偷将天蓝釉刻花鹅颈瓶与其他几件汝瓷珍品一起埋在了窑厂附近的小森林里。可他没想到，这些汝瓷一埋就是近千年。

[学点文物鉴赏] 宋代五大名窑

中国是世界上最早发明瓷器的国家。在英文中，"china"便是"瓷器"的意思。因为盛产瓷器的景德镇当时的名字是昌南，而"昌南"音同"china"，于是，这个词在欧洲就传开了。china（瓷器）成为China（中国）的名片。

宋代是中国历史上瓷器发展最辉煌的时代，以汝窑、官窑、哥窑、钧窑、定窑最为有名，后人统称为"五大名窑"。

汝窑

产地：北宋汝州（今河南宝丰县清凉寺村一带）

地位：为五大名窑之首，汝瓷存世极少

品相特征：属青瓷系，有漂亮的天青色，釉面上有纹片

杰出代表：天蓝釉刻花鹅颈瓶（河南博物院）、天青釉三足樽承盘（北京故宫博物院）、青瓷莲花式温碗（台北故宫博物院）

官窑

产地：北宋汴梁（今河南开封），南宋临安（今浙江杭州）

地位：朝廷官办，官瓷专供皇室使用

品相特征：以青釉为主，釉质肥厚，有玉的质感

杰出代表：青釉方花盆、青釉蒜头瓶（北京故宫博物院）、郊坛下官窑瓶（上海博物馆）

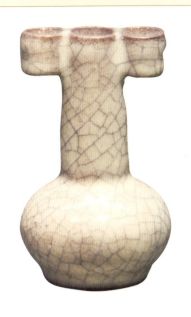

哥窑

产地： 至今未确认，有一种说法认为在浙江龙泉

地位： 现存精品哥窑瓷器，均为历代宫廷旧藏

品相特征： 颜色不一，有明显的冰裂纹，光泽莹润，釉内有气泡

杰出代表： 青釉贯耳瓶（北京故宫博物院）、米黄釉五足洗（上海博物馆）

钧窑

产地： 北宋钧州（今河南禹州一带）

地位： 有"国之瑰宝"之美誉，因色彩艳丽独树一帜

品相特征： 以玫瑰紫、海棠红、天青、月白为主，色彩多样

杰出代表： 玫瑰紫海棠式花盆（中国国家博物馆）、钧窑月白釉出戟尊（北京故宫博物院）

定窑

产地： 北宋定州（今河北曲阳县一带）

地位： 承接自唐代邢窑，在陶瓷发展史上有重要地位

品相特征： 唯一的白瓷，无裂纹

杰出代表： 白釉划花萱草纹碗、白地褐彩剔花忍冬纹枕（中国国家博物馆）、白釉孩儿枕（北京故宫博物院）

图书在版编目（CIP）数据

藏在博物馆里的国宝故事 ：全四册 / 知路童书著绘
. — 杭州 ：浙江人民出版社，2023.5
ISBN 978-7-213-10998-0

Ⅰ. ①藏… Ⅱ. ①知… Ⅲ. ①文物 – 中国 – 通俗读物
Ⅳ. ① K87–49

中国国家版本馆 CIP 数据核字（2023）第 038452 号

藏在博物馆里的
国宝故事

④

元明清的
华贵器物

知路童书　著绘

浙江人民出版社

在历史的长河中
那些保存至今的文物，是历史的见证
向我们讲述曾经的精彩故事
（下图时间轴分四段，对应本套书四册的时间划分）

人面鱼纹彩陶盆

妇好鸮尊

曾侯乙编钟

石器时代

陶器的繁荣

夏

商

青铜器的繁荣

西周

周

春秋

战国

陶俑的繁荣

秦

漆器的繁荣

汉

三国

晋

南北朝

画像砖的繁荣

镶嵌绿松石兽面铜牌饰

长信宫灯

鸭形玻璃注

北魏木板漆画

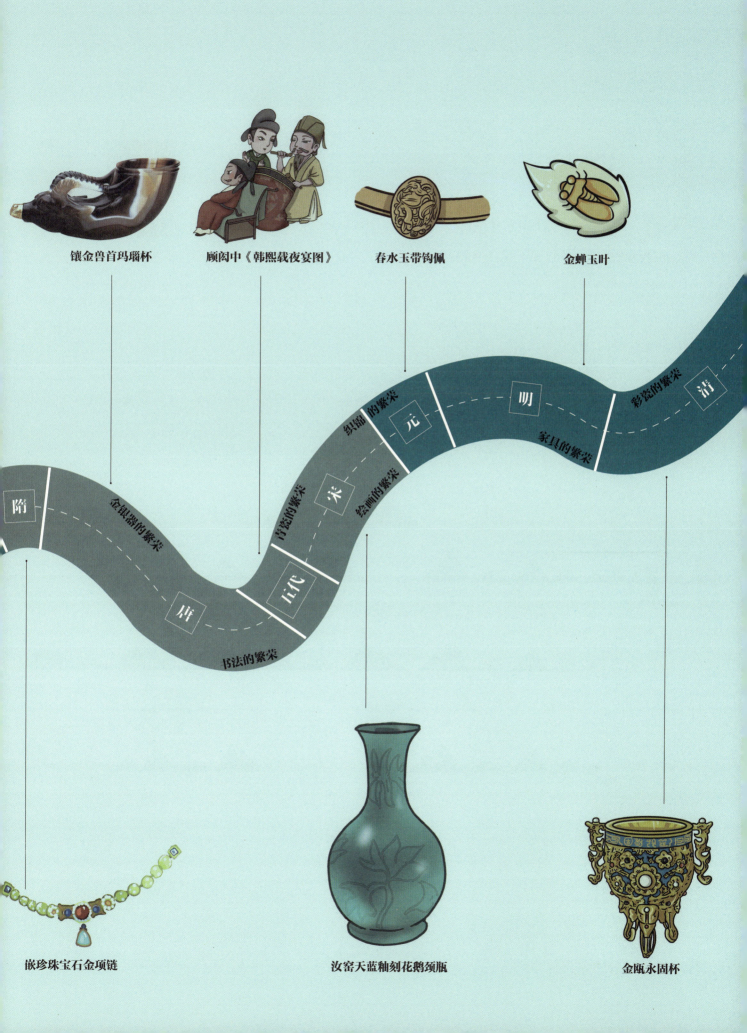

镶金兽首玛瑙杯

顾闳中《韩熙载夜宴图》

春水玉带钩佩

金蝉玉叶

金银器的繁荣

瓷器的繁荣

织锦的繁荣

绘画的繁荣

家具的繁荣

彩瓷的繁荣

书法的繁荣

隋

唐

五代

宋

元

明

清

嵌珍珠宝石金项链

汝窑天蓝釉刻花鹅颈瓶

金瓯永固杯

前 言

我叫春宝，我和秋宝陪你"穿越"历史。

我叫秋宝，我会鉴宝，我是小小历史通。

　　我们的祖国，是一个有着5000年历史的文明古国。或许每个小学生都会背诵这句话。如何让这句话在孩子的头脑中鲜活、立体起来呢？文物是一个非常不错的切入点。

　　透过丰富多样的文物，我们可以回望久远的过去：我们从哪里来，我们的祖先长什么样子，他们过着怎样的生活。文物与文字不同，文字代表着记录者的思想，会有偏差，但文物不会说谎，它们承载着真实的历史。

　　令人遗憾的是，当我们去博物馆参观时，珍贵的文物往往躺在展示柜里，或是用隔离带围住，我们只能隔窗或远远观看。要让孩子对这些充满距离感的陈年古物提起兴趣，实在不太容易。再说，我们也很难带孩子跑遍全国所有博物馆，因此，对于很多国宝级文物，我们也难以一睹其风采。

　　为此，我们精心编写了这套《藏在博物馆里的国宝故事》。整套书按朝代分为4册，精选46件国家级文物。我们试图将它们从博物馆"搬"到孩子的面前，用讲故事的方式剥开文物的斑斑锈迹，为孩子推开认识中国历史文化的全新大门。

　　跨进这扇门，不仅可以聆听生动的故事，还可以了解众多文物背后的制作工艺，让孩子感知先人的智慧，进而激发他们探寻、保护文物，传承、创新文化的精神，感受中华文明的源远流长和博大精深。让我们和孩子一起，开启一场纸上博物馆之旅，来一次寻宝打卡吧。

目录

[元朝卷]

国宝㉟瓷器｜元青花萧何月下追韩信梅瓶　　　2

学点文物鉴赏｜青花瓷　　　6

国宝㊱绘画｜黄公望《富春山居图》　　　8

国宝㊲玉器｜春水玉带钩佩　　　12

国宝㊳玉器｜渎山大玉海　　　16

[明朝卷]

国宝㊴织绣｜定陵六龙三凤冠　　　22

探访考古现场｜北京明定陵　　　26

国宝㊵瓷器｜明成化斗彩鸡缸杯　　　28

国宝㊶文献｜《坤舆万国全图》　　　32

国宝㊷金银器｜金蝉玉叶　　　36

[清朝卷]

国宝㊸珐琅｜掐丝珐琅团花纹菱花式火锅　　　42

国宝㊹瓷器｜各种釉彩大瓶　　　46

国宝㊺金银器｜金瓯永固杯　　　50

国宝㊻家具｜金漆三足凭几　　　54

元朝

卷

　　元朝是中国历史上第一个少数民族建立的大一统王朝，疆域远超中国历代王朝。

　　由于元朝统治不到百年，再加上蒙古民族特有的丧葬习俗，所以我们现在看到的元代珍贵文物较少，不少稀世珍品更是由于种种原因，遗憾流落海外。

　　元朝的手工业发达，著名的元青花瓷存世量稀少，保存完整的萧何月下追韩信梅瓶堪称青花瓷极品。元朝的江南，富庶繁华。无锡元代钱裕墓中出土了大量金银器、玉器、丝绸服饰、漆木器等丰富的元代文物，其中有一件民间极为罕见的春水玉带钩佩，生动地折射出当时豪门的生活状况。北方也有一件极为厚重的渎山大玉海，代表了元代玉工艺的最高水平，全世界也难找到第二件，堪称镇国之宝。

元青花萧何月下追韩信梅瓶

朝代　　瓷类　　　　题材　　　　　造型

看看你家的花瓶，如果有那种细长的小口瓷瓶，那就是梅瓶，因瓶口小只能插数支梅花而得名。

　　不过，在古代，这种瓶子最早的功能是装酒，口小容易倒酒，腹长很能装酒，修长则充满美感。旧时重要酒宴上，用这种酒坛那是非常有情调的。这么美的瓶子，当然不能仅仅用来装酒，它的观赏价值越来越被人重视。后来，古人甚至希望自己死后也能有这种瓶子陪伴，所以有的梅瓶就成了陪葬品。

　　在明代一位叫沐英的将军的墓里，就陪葬了这样一只很大很精美的梅瓶。这件梅瓶是青花瓷做的，瓶身画了一幅画，讲述的是"萧何月下追韩信"的故事。

国宝
鉴赏

元青花萧何月下追韩信梅瓶为中国瓷器三绝之一的元代青花瓷，再加上"萧何月下追韩信"的古典题材，珍贵性不言而喻。其绘画精湛，青花色泽纯正，保存完整，堪称古今青花极品。

├─5.5厘米─┤

口部 盘口造型，口小，无盖

颈部 短而细

肩部 丰肩，无耳，无流

腹部 鼓腹

胫部 瘦长，近底部外撇

底部 平底，无足

青花
浓淡相宜，
发色明丽，
富有层次感

绘画
内容为"萧何
月下追韩信"。
笔法遒劲，线
条流畅

胎质
洁白细密

44.1厘米

├────13厘米────┤

1 极品元青花作品

青花瓷常简称青花，是中国瓷器的主要品种之一。各朝代青花瓷中，目前尤以元青花瓷最为珍贵。元青花瓷以景德镇为代表，颜料来源少、艺术价值高、存世情况少是元青花瓷极为珍贵的三大原因。

元青花的主要原料为苏麻离青，这是一种极为纯正又个性鲜明的颜料，主要产自古波斯（今伊朗）一带，可惜此颜料只存在于元末明初之际很短的几十年，以后再无踪迹。元青花题材众多，有大量绘有戏剧故事的作品。颜料珍贵，导致青花瓷存世量少，画有人物的元青花就更为稀缺。萧何月下追韩信梅瓶就是这样一件珍宝。

2 历史故事为题材

瓶身绘制的"萧何月下追韩信"是一则秦末汉初的故事。当时刘邦和项羽争夺天下，韩信怀才不遇，虽然得到相国萧何赏识，但未受到重用，于是韩信逃出汉营另寻出路。萧何得知后，趁着月色连夜追赶韩信，劝说韩信留在汉军。

老兄这又是何苦呢。

韩老弟，别走，听我说。

这个故事被元代的瓷器工匠搬到了青花瓶上。画面中，萧何求贤若渴的急切，韩信负气出走的灰心落寞，艄公的不急不慢……三人不同的心态，都在画匠艺人的笔下表现得惟妙惟肖，很是传神。

3 随葬于将军沐英

该梅瓶随葬于沐英墓，沐英是明朝开国功臣，明太祖朱元璋的养子。

沐英跟随朱元璋征战天下，在征讨西南的战役里立下功绩，被朱元璋留在云南，世代镇守西南边防。洪武二十五年（1392年），沐英病逝于云南。朱元璋接报后，下令将沐英的遗体运回南京，给他隆重地办了丧事，葬于江宁观音山（后更名为"将军山"）。

梅瓶是明代高等级墓葬随葬品，有镇墓辟邪的作用，非王侯要臣不得配有这种随葬品。

1950年，沐英墓被盗，这件梅瓶就是被盗文物之一，它很快出现在了古玩市场上，后来，盗墓案被破，这件梅瓶被南京市博物馆收藏。

4 为何是无价之宝

以历史故事作为元青花装饰题材不足为奇，但青花瓷器中以人物纹流传的精品却极为罕见。元青花瓷精品本身烧制难度就高，受制瓷工艺技术的限制及窑炉温度控制的不确定等因素干扰，大件的元青花瓷器极易变形，因此成功的人物纹青花瓷器更显得弥足珍贵。

目前，我国发掘出土的绘有人物故事图案的元青花瓷极少，而此件梅瓶青花瓷各方面均达到了炉火纯青的地步，不愧为"中国青花瓷之最"。在2011年秋季的一场拍卖会上，一件类似这样的梅瓶竟拍出了8.4亿元的天价。

[学点文物鉴赏] 青花瓷

青花瓷，一种白地蓝花的瓷器，是用钴（gǔ）蓝原料在白色瓷胎上描绘纹饰，再浇上透明釉，于高温下烧成的彩色瓷器。

胎骨

为什么不易变形？
因为我有"瓷石+
高岭土"二元配方

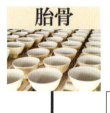

影响成色的因素：
①发黄或发白
②松软与坚硬

苏泥麻青（产于波斯国）
成色浓艳。元末明初景德镇的青花瓷器大多使用这种青料

回青（产于新疆）
纯然一色，发色蓝中泛紫。明代正德至万历时期大多使用这种青料

青料

为什么是青色？
我学名叫钴土矿，
黑色而微带蓝色调

石子青（产于江西）
明代中期民窑青花瓷器上使用的一种色料，发色浓中带灰

平等青（产于江西）
成色淡雅，明代成化到嘉靖中期为主要色料

火

火温约 1260℃。
温度过高则发黑；
温度过低则发绿

青花瓷

釉

为什么不漏水？
因为我有防水层

影响成色的因素：
①质量
②颜色
③厚薄

青花瓷的历史

形成时期	停滞时期	成熟时期	高峰时期
呈灰褐色	呈灰蓝色	笔墨苍厚，设色清丽，气势恢宏 景德镇窑迅速崛起 确立了青花瓷长久繁荣的地位	婉转流畅，浓淡相宜 超凡脱俗 釉下彩发展迅速
唐朝	**宋朝**	**元朝**（青花霸主）	**明朝** 永宣时期

元青花釉里红镂雕盖罐
馆藏点—北京故宫博物院

明宣德青花双耳扁壶
馆藏点—上海博物馆

常见纹饰

缠枝牡丹纹

缠枝莲纹

蕉叶纹

卷草纹

如意云头纹

龙凤纹

青花玲珑瓷
釉下青花 + 镂雕 + 玲珑釉
明宣德时期开始流行

青花红彩
釉下青花 + 釉上红彩
明宣德时期开始流行

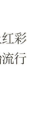

青花五彩
釉下青花 + 釉上多彩
明朝中期流行

哥釉青花
釉下青花 + 纹片釉
明朝晚期流行

演变

徘徊时期	顶峰时期		
玲珑秀奇、端巧工细	墨韵焕发，青分五色	淡雅 / 俊秀	华丽 / 新奇
釉上彩发展迅速	规模宏大		
斗彩最负盛名	翠毛蓝最负盛名		

明朝
成化时期

清朝
康熙时期

清朝
雍正时期

清朝
乾隆时期

明成化斗彩花蝶纹罐
馆藏点—中国国家博物馆

清雍正青花祝寿纹瓶
馆藏点—上海博物馆

清乾隆青花缠枝莲纹双耳尊
馆藏点—上海博物馆

黄公望《富春山居图》

馆藏点 浙江省博物馆
台北故宫博物院

作者

图名

元代有个名叫黄公望的人，50岁的时候才开始正式拜师，学习画画。

离开官场过着隐居生活的黄公望，热衷于寄情山水，并花了4年时间，在82岁高龄时完成了一幅长卷，名为《富春山居图》。此图描绘了浙江富春江两岸初秋的秀丽景色。此画将浩渺的江南山水展现得淋漓尽致，位列中国十大传世名画。

可惜的是，后来这幅画一分为二，前半截为《剩山图》，后半截为《无用师卷》，命运坎坷。

《富春山居图》布局疏密得当，层次分明，画家用淡雅的笔墨，随意而似天成地勾勒出富春江两岸的山水美景，被誉为"画中兰亭"。

①《富春山居图·剩山图》
纵 31.8 厘米，横 51.4 厘米

②《富春山居图·无用师卷》
纵 33 厘米，横 639.9 厘米

黄公望子久矣，你以后就叫黄公望吧，字子久。

1 历经坎坷的前半生

宋咸淳五年（1269 年），一个叫陆坚的小男孩出生于江苏常熟。后来由于家境贫寒，父母双亡，他被过继给寓居当地的黄家，改名黄公望。黄公望从小饱读诗书，但当时朝廷并不看重文人，所以他直到中年才混上一个小官做。官还没做几天，他的上司就因贪污被抓，他也受牵连入狱。出狱后，黄公望对官场心灰意冷，便开始云游四方。

2 年过八旬绘成此画

云游四方时，黄公望结识了元代文人画的先驱赵孟頫（fǔ），并拜他为师，潜心学画。黄公望 78 岁那年，游历到富春江，被这里秀丽的山水打动，决定将其画下来。因为经常云游在外，最初他只在来兴致时画上几笔，三四年过去了都没有画好。

后来，他特地将画随身携带，只要有空就接着画，终于在 82 岁那年完成了此画。画作完成后，他将此画送给了最要好的老朋友无用禅师。

你在卷尾写段话，我怕回头有人抢这画。

行行行，我就写专门是送给你的，别人勿夺。

卷尾题词明确归属

卷尾是黄公望所写的创作《富春山居图》的信息，大意是讲他创作此画的过程，以及将此画赠予好友无用师，因此后人将被烧后的主体部分称为《富春山居图·无用师卷》（台北故宫博物院收藏）。

3 名画差点儿被烧毁

明朝中期，《富春山居图》先后被书画大师沈周、董其昌等人收藏，他们对这幅画评价极高。有了两位书画名家的赏识，该画瞬间就成了明清画家眼中的极品。明末清初，《富春山居图》辗转到了收藏家吴洪裕手中。吴洪裕太喜欢这幅画了，临死前竟要求家人将此画焚烧为他殉葬。家人只好当着他的面开始烧画，好在危急时刻，他的侄子以极快的速度偷偷捞出此画，往火中投入了另一幅画。《富春山居图》就这样从火中被救了出来，却被烧成了一大一小两段，后世称之为《剩山图》和《无用师卷》。

4 乾隆皇帝看走眼了

乾隆十年（1745 年），《富春山居图》流入清宫，乾隆皇帝非常喜欢它，经常取出来欣赏，有了灵感时就要写上题跋（共计 55 处），加盖玺印。因此，画卷上留下了满满当当的诗文和玺印。出人意料的是，后来属下又呈上来一幅内容相差无几的《富春山居图·无用师卷》，也许是他不敢承认了，也许是他自信过头了，便认定此画是赝品，将其束之高阁。其实呀，他题了几十年诗文的那幅并不是真品，后世称其"子明卷"。

这俩到底哪个才是真的呀？

春水玉带钩佩

题材　材质　腰带部件　饰品

　　古人喜欢佩戴玉，因为他们认为玉能彰显美德。春秋战国时期，齐国公子小白佩戴的玉带钩还救过他一命呢！

　　带钩就是古人用来钩系束腰的腰带头，用玉做的带钩在古代非常常见。这不，元代大富豪钱裕的墓中就随葬了一块精美的春水玉带钩佩。

　　春水玉带钩佩由带扣和带钩两部分组成，运用各种雕刻手法，描绘了辽金元时期的北方贵族在春季进行围猎之时，放海东青猎捕天鹅的场景。

　　但这种很常见的玉带钩藏品为什么会成为无锡博物馆的镇馆之宝呢？一起去文中寻找答案吧。

13

春水玉带钩佩纹饰丰富，采用了镂雕、透雕等多种雕刻手法，是国家一级文物，也是迄今为止发现的唯一有元代纪年的春水玉。

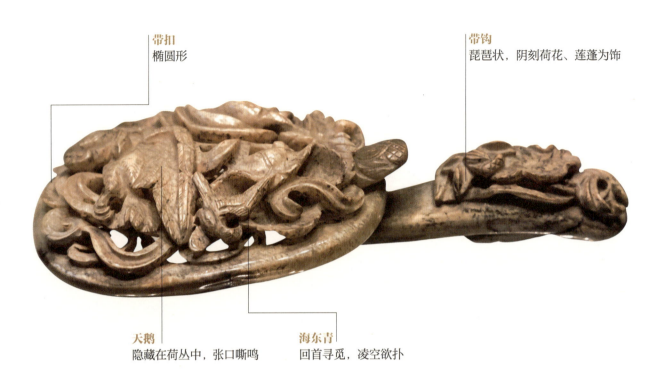

带扣
椭圆形

带钩
琵琶状，阴刻荷花、莲蓬为饰

天鹅
隐藏在荷丛中，张口嘶鸣

海东青
回首寻觅，凌空欲扑

1 海东青捕天鹅

辽金元时期，北方游牧民族的皇帝每年春秋两季都会进行猎捕活动，春天主要是捕捉天鹅，名为"春水"。皇帝先在上风口巡视，看见天鹅来了，就命令放海东青。海东青虽然个头小，却可以飞得比天鹅高，它从空中死死抓住天鹅的脑袋，经过一番搏斗，最终将天鹅按到地上，这时守在旁边的侍卫就会冲上去，捉住天鹅。

以此为题材创作的玉雕便有了一个好听的名字——春水玉。

我是小小历史通

海东青

海东青俗称猎鹰，又称隼（sǔn）或鹘（hú），是一种极具攻击力的飞禽，历朝皇帝对它都极为喜爱。辽国皇帝每年春天都会亲放海东青捕获天鹅；元代皇帝及王孙贵族家均养有海东青；清乾隆皇帝曾命宫廷画师郎世宁给自己心爱的纯白海东青专门作画。

② 精雕细琢春水玉

中国古代玉雕无数，历朝历代都有很多玉雕艺术精品，其中属主要流行于辽金元时期的春水玉最具民族特色。

春水玉多描绘海东青制服天鹅的瞬间，海东青的凶悍、天鹅的哀鸣、整个打斗场面的激烈，通过工匠的巧手被展现得淋漓尽致。再加上芦苇、水草、荷花、莲叶等水边风物的点缀，构成了一个上好的玉雕作品。玉雕深受帝王和王公贵族的喜爱，也难怪元代江南大富豪钱裕有收藏玉雕了。

③ 不一样的精品

仔细观察这个春水玉作品，荷叶上方有一只海东青，目光炯炯正回首寻觅，在寻找机会捕捉猎物，下方一只天鹅张口嘶鸣，正惊慌失措地潜入荷丛之中想要隐藏。

这样的题材，以前大多是常规展示海东青啄天鹅头颅的形式，可是这个作品却采用海东青飞于荷上回首寻觅的瞬间，明显扩大了表现空间，让画面更加丰富了。

另外从制作工艺来看，此件春水玉带钩佩分四层，采用了浅雕、深雕、镂雕相结合的制作方法，技艺复杂，可以称得上是同类题材中的精品。

④ 古人的春水玉饰

春水玉带扣的作用就相当于今天的腰带头，它既能收紧衣服，又能起到装饰的作用。

据记载，辽代皇室每年开春都会春捺钵（音 nà bō，契丹语音译，一种春猎活动），金元时期承袭辽代习俗，每年举行"春水"之俗。皇帝及随从官员必须穿特定图案的服饰，服装上不仅绣有海东青捕天鹅的图案，更制作玉带饰，钉在革带上。虽然现在已经看不到那时候的服装文物了，但是春水玉却保留了下来。

可汗，王公大臣们都在比谁的玉带钩好看。

让他们比去，反正最好看的在我这儿。

渎山大玉海
dú

玉产地	规格	材质	题材

　　元代，意大利的著名旅行家马可·波罗曾跟父亲来到中国，并在中国游历了 10 多年。在他的游记中，提到了这样一件价值连城的中国宝贝："斯里兰卡国王拥有一颗大红宝石，在当时已是天价，但仅值一座大城，而大玉海价值 4 座大城。"

　　马可·波罗提到的这件价值 4 座大城的大玉海是一个用来盛酒的大玉瓮，名叫渎山大玉海。它有多大呢？如果全部装满酒，大概可以装 3000 斤；如果放在露天温泉里，用它来泡澡，那也绰绰有余。

　　渎山大玉海是用一整块巨大的玉料雕刻而成的，上有翻滚的海浪以及出没其中的海龙、海马、海猪、海羊等神奇海兽。想象一下，元世祖忽必烈与他的功臣们围着这个大酒瓮开怀畅饮，是何等豪放。

渎山大玉海是中国现存最早、形体最大的传世玉器，也是元代留下的唯一一件大型玉雕作品，具有非常高的艺术和史料价值。

135～182 厘米

马　　　　　　　　　　　　　　　　螺　　　　龙

62 厘米

由整块河南独山玉雕成，黑色口部椭圆，内空，容积 722 升，壁厚约 12 厘米

周身浮雕龙、马、羊、鲤鱼、犀等十几种动物出没于波涛之中，栩栩如生

国宝故事

1 打造渎山大玉海

金朝末年，蒙古军队打到了金朝的首都金中都，也就是今天的北京，他们一把火烧了金中都。等他们的大汗忽必烈来到北京时，金中都已经不能居住了，于是他就住到了当时金朝的皇家宫苑——北海的琼华岛。忽必烈将琼华岛改名万岁山，在最高处建广寒殿。忽必烈打算在广寒殿内大宴群臣，为此，他命人找来了一块特大天然玉石，又令数十名工匠，花了 5 年时间，将这块大玉石雕刻成了一个巨大的酒瓮，取名渎山大玉海。

2 流落民间变咸菜缸

渎山大玉海一直被放在琼华岛的广寒殿内，直到明代万历年间的一天，广寒殿意外倒塌，渎山大玉海不知怎么流落到了北京西华门外的道观真武庙中。庙里的道士哪里知道这是件宝贝，以为就是个普通的大石缸。放在庙里也占地方，不如物尽其用，于是道士们就把大玉海清洗干净，用它来腌咸菜。就这样，渎山大玉海在真武庙中"稀里糊涂"做了300多年的咸菜缸。

是啊，闲着也是闲着，这样正好。

这玩意儿做咸菜缸确实不错。

猪

约 **1100** 千克

3 乾隆皇帝看上了

清朝乾隆年间，一位翰林院学者来到庙内游玩，觉得这个咸菜缸有些特别，他回去后反复考证，觉得是个好东西，于是赶忙上报乾隆皇帝。喜欢收藏文物的乾隆跑过去一看，发现果真是丢失了很久的渎山大玉海。他自然不会放过，买下了这个庞然大物。

我一向眼光很好。

由于原址已倒塌，乾隆皇帝下令将它放置在与原址遥相呼应的团城的承光殿中。但大玉海实在太重了，古代门槛又高，实在不方便搬进殿内，于是只能将它放在了承光殿前。乾隆皇帝又命人给它打造了一个汉白玉雕花底座，还专门盖了一座亭子使它免受风吹日晒，细心呵护它，可见重视极了。

我是小小历史通

4 次加工做什么

据记载，乾隆皇帝得到大玉海后，曾先后4次命人对其加工剔刻。有说法是只对其进行清洗，小幅度修整边边角角；也有说法是乾隆帝觉得纹饰中的海兽鳞与龙鳞纹路是同一个样子，考虑到当时的等级制度，这是不妥的，所以要求更改。于是，元代风格也被改为了今天看到的清代风格。

明朝
卷

　　明永乐十八年（1420年），紫禁城建成。2020年，这座举世闻名的皇家宫殿迎来了600岁生日。600年间，它见证了明清两朝的荣辱兴衰，汇集了许多奇珍异宝。如今的它也是我国最大的古代文化艺术博物馆，其本身就是一件伟大的文物。

　　定陵是明代第十三帝宋神宗朱翊（yì）钧的陵墓，是明十三陵中唯一被官方发掘的陵墓。但由于当时的保护技术并不到位，不少文物被毁坏，不得不说是个很大的遗憾。还有件跟明朝皇帝息息相关的文物就是鸡缸杯，成化皇帝年间烧制的这种清雅小口杯因流失到民间的极少，自然也就价值千金。

　　大到国家大事，小到民间生活，我们都可以从明朝的文物中去感受大明风华。

定陵六龙三凤冠

出土地　　　　　题材　　　　　用途

古装剧里的重要场合，皇后盛装出席，最引人注目的要数她头上既华丽精美又沉重繁复的凤冠了。历史上，凤冠到底长什么样子，真的像影视剧中看起来那么沉重吗？

1956年，明定陵被发掘，从中出土了4顶凤冠，这也是考古史上第一次发现完整的凤冠实物。这里介绍的是六龙三凤冠，它的主人是孝端皇后。要知道六龙三凤冠的重量与十几个苹果差不多，戴在头上该有多难受啊！

凤冠的主人孝端皇后是个怎样的人？凤冠只有皇后能戴吗？

定陵六龙三凤冠造型庄重，制作精美，采用了花丝、点翠、镶嵌、穿系等工艺，是目前出土的为数不多的凤冠实物。

金龙
用细金丝编制，龙头为錾刻，脚下所踏如意祥云还镶嵌宝石

珠翠凤
以珍珠和点翠装饰的珠翠凤，在其他凤冠上材质有差异

铺翠
指凤冠上用点翠装饰的各种饰品，如翠云、翠叶、翠凤等

通高 35.5 厘米

珠滴
凤冠正中一条龙和三只珠翠凤口中都衔着小串珠滴，每串珠滴由四颗珍珠、一颗红宝石和一颗蓝宝石组成。皇后专属

金宝钿花
用黄金和宝石组合成的花形饰物，在皇后凤冠的口圈处

珠结
是常服凤冠垂挂至肩的长串珍珠，最上端通过一个小金环固定在龙口的位置

冠胎
大多以竹篾活铜丝编织成圆筐状，然后在里外裱糊一层罗纱

博鬂
用来表示贵重身份的一种假鬂，明代皇后的凤冠是六扇博鬂，分置冠后和两侧，左右各三。皇后以下数量递减

1 高贵身份的象征

第一眼看到这个凤冠是什么感觉？是不是华丽极了？六龙三凤冠精美绝伦，上面缀有上百颗宝石和数千颗珍珠。它的正面有三只凤凰，凤凰上面有三条飞龙，两侧的飞龙口衔珠宝串饰，可以想象，珠宝串饰随主人的步伐摇曳生姿。凤冠的背面还有三条飞龙并列，六龙三凤冠由此得名。

六龙三凤冠的主人是孝端皇后，她是明代万历皇帝的原配，正位中宫长达42年，是中国历史上在位时间最久的皇后。孝端皇后生前抚养了李敬妃的两个皇子，还时常保护时为皇太子的明光宗朱常洛（孝靖皇后之子），她遇事懂得忍让，不争不抢，因此美名远扬。

你知道吗?

欲戴王冠必承其重

有句俗语这样说：欲戴王冠必承其重。如果你想戴上王冠，成为王者，就必须承受它的重量，承受一切你该担当的责任，并且还要承受竞争的压力。王冠凤冠都是如此，所以说那么重的王冠不是每个人都能戴好的哦，这跟学习也是同一个道理。

3 凤冠何人能戴呢

不知道你可留意到，家里如果有大哥哥大姐姐要结婚了，婚纱照里可能会有一组戴凤冠的古装合影，很是喜庆。

在古代，凤冠为皇后或者妃嫔在册封、谒庙和朝会等重大庆典时所戴的礼帽，是身份的标志。明清时期，女子出嫁时所戴的彩冠也被称为凤冠，因此有个成语叫做"凤冠霞帔（pèi）"。"霞帔"又称"霞披"，是中国古代妇女礼服的一部分，类似现代的披肩。凤冠霞帔并不是只有在古人成亲的时候才穿，皇后妃嫔还有官太太们平时就能穿，而平民女子一般来说只有在成婚的时候才可以穿上。

2 其他凤冠也很美

除了六龙三凤冠之外，定陵还出土了其他3顶凤冠，它们分属于孝端皇后和孝靖皇后。孝端皇后拥有六龙三凤冠和九龙九凤冠，总计十五龙十二凤；孝靖皇后拥有三龙二凤冠和十二龙九凤冠，总计十五龙十一凤。

数数看，是不是龙的数量相同，凤的数量却不一样？这是因为孝端皇后是原配，孝靖皇后是死后追封的，体现出了那个年代身份的差别。

孝端皇后的九龙九凤冠

[探访考古现场] 北京明定陵

遗址概况

　　位于今北京昌平区的定陵为明十三陵之一，其地面建筑总布局呈前方后圆形，含有中国古代哲学观念"天圆地方"的象征意义。

　　1956年，考古人员发掘了明万历皇帝的定陵，出土文物3000多件，为研究明朝历史提供了实物资料。但是，定陵发掘的教训是惨痛的，由于当时考古经验不足，技术水平有限，大量字画、丝绸等文物遇到新鲜空气迅速碳化，破坏严重。此后，考古界达成共识，以后不能轻易发掘帝王陵。因此，定陵也是唯一一座国家有计划发掘的帝王陵寝。

定陵名片

占地面积：约18万平方米

营建时间：万历十二年（1584年）动工，历时6年完工

墓主：万历皇帝朱翊钧、孝端显皇后、孝靖皇后

特殊地位：迄今为止唯一主动发掘的帝王陵墓

万历皇帝画像

北京明定陵俯瞰

金丝、乌纱翼善冠
前者为至今唯一发现的皇帝金冠，后者出土时戴在万历皇帝头部。均有浮雕升龙

凤冠
两位皇后的凤冠，共出土4顶，有龙有凤，镶嵌各种珍贵的红蓝宝石和珍珠，奢华无比

青花穿花龙纹梅瓶
定陵陪葬瓷器，体型较大，明朝万历年间烧造的青花梅瓶中的精彩之作

遗址文物

金锭
出土金锭103枚，有大小两种，大的金锭上面錾刻有铭文或贴有纸标签

玉带
系于黄袍最外层的一种代表身份地位的饰物，以玉带最为珍贵

罗地洒线绣百子衣（复制品）
出自孝靖皇后棺椁，绣满了在玩各种游戏的孩童，并用各种花卉点缀其间

遗址私语

屡遭破坏的定陵

明朝末年，李自成农民起义军曾放火烧毁了不少定陵地上建筑，清军入关后再遭破坏，乾隆年间清廷对定陵进行了部分复建。此后，在民国年间，定陵的门、殿又先后被毁坏。这座皇家陵园可谓屡遭劫难。

误打误撞发掘定陵

据史料记载，国家考古人员本来准备发掘的目标是明十三陵中最大的陵墓——明成祖朱棣的长陵。但是考古人员忙活了好几天都没找到长陵地宫的入口，于是拿规模较小的定陵试掘。就这样，误打误撞中打开了定陵地宫通道。

地下宫殿

定陵的地下宫殿又称"玄宫"或"玄寝"，是一组充满神秘色彩的地下墓室建筑。它是目前十三陵中唯一发掘并对外开放的地下宫殿。

明成化斗彩鸡缸杯

| 朝代 | 年号 | 工艺 | 题材 | 造型 | 用途 |

　　1999 年，在香港拍卖会上，一件精巧的明代瓷器以 2917 万港元成交，刷新了中国瓷器的最高拍卖纪录。5 年后，又一件明代瓷器拍出了 2.8 亿港元的天价，这两件瓷器恰恰是同一款，那便是明代成化年间的斗彩鸡缸杯。

　　与价格形成对比的是它的体量，这样一个可以托于掌中的小杯子，身价如此之高，令人咋舌。现存明成化年间的斗彩鸡缸杯不到 20 只，因而弥足珍贵。民间鸡缸杯的每次重出江湖，都能缔造拍卖会上的传奇。

　　这到底是个什么样的杯子？除了数量稀少，这杯子还有哪些珍贵之处呢？

29

国宝
鉴赏

斗彩鸡缸杯以胎质细腻、器型优美、画工生动、色泽艳丽而著称于世，是明成化斗彩器的典型，颇为名贵。

口径8.3厘米

造型
呈浅缸型，敞口微撇，平底，卧足

内壁
纯白无纹饰

高3.4厘米

杯底
以青花书楷书"大明成化年制"双行六字款

外壁
绘制觅食玩耍的子母鸡两群，以牡丹湖石和兰草湖石将两群鸡间隔开

足径4.3厘米

我是小小历史通

明看成化，清看雍正

收藏界有句老话"明看成化，清看雍正"，说的就是斗彩。成化斗彩彩绘精细，是陶瓷史上最为名贵的品种之一，备受推崇。其图案绘画简练，多为花、鸟、人物，造型小巧别致。雍正时期瓷器生产达到了历史最高水平，雍正斗彩在明代成化斗彩的基础上，加入了粉彩的技法和金彩装饰，形成了斗彩加金、斗彩加粉的新品种，有了重大突破。

1 鸡缸杯是怎么来的

鸡缸杯，听这名字是用来喂鸡的碗吗？当然不是，它可是皇家的御用酒杯。杯身上描绘了公鸡领路、母鸡带小鸡在花丛中觅食的温馨场景，因而得名鸡缸杯。斗彩的运用让鸡缸杯上的图案靓丽雅致，生动自然。

关于鸡缸杯的来历，有三种说法：一是成化元年刚好是鸡年；二是"鸡"与"吉"谐音，有吉祥之意；三是皇帝欣赏宋画《子母鸡图》（现藏于台北故宫博物院），有感于母鸡对小鸡的哺育之恩，萌发烧制鸡缸杯的想法。

2 鸡缸杯的主人

斗彩鸡缸杯的创造者是明宪宗朱见深。朱见深年幼时，他的父亲明英宗朱祁镇御驾亲征，不料兵败被俘。大臣支持他叔叔朱祁钰继承皇位，朱见深只好被迫搬出皇宫，可谓孤苦伶仃，好在身边有一个比他大 17 岁的宫女万氏相伴照顾，朱见深对她很有感情。

朱祁镇后来被释放并夺回了皇位，他死后，朱见深继承了皇位，并将宫女万氏封为贵妃，非常宠爱她。一天，喜爱书画的朱见深得到了一幅《子母鸡图》，图中场景让他联想到万贵妃曾经对自己的保护与照顾，于是就有了上文说到的第三种说法。

3 什么是斗彩

斗彩指的是瓷器彩绘的一种工艺，流行于瓷都景德镇等地。

具体来说就是，瓷器素胚做好后，先用青花料描绘出纹饰的轮廓，上釉入窑经 1300℃ 左右的高温烧出釉下青花，然后用红、绿、黄等色填补青花轮廓线内的空白，这些颜色因为画在釉上，所以称为釉上彩，最后再次入窑经 800℃ 左右的低温烘烤，就烧出了釉下青花与釉上彩相结合的斗彩，有相互逗趣之意，所以叫作"斗彩"或"逗彩"。历史上，明成化年间的斗彩非常珍贵。

我要把这花母鸡画漂亮点儿。

4 这么贵是有道理的

斗彩鸡缸杯烧好后，万贵妃非常喜爱，她和皇帝两人也经常拿出酒杯对饮。有了皇上和贵妃的名人效应，小杯子身价自然大涨。在当时，斗彩鸡缸杯烧出后要经过严格挑选，好的送入宫廷，次品直接砸碎掩埋，不准作为商品流通。再加上斗彩鸡缸杯的成品率本就不高，因此流传后世的就极为少见了。

明代万历年间，记录当朝史事的《神宗实录》中记载："神宗尚食，御前有成杯一双，值钱十万。"可见当时斗彩鸡缸杯就已身价不菲。到了清朝，连皇帝都求而不得，于是命人仿制，但就是达不到明成化斗彩的品质。所以你能理解为什么它的拍卖身价如此之高了吧。

《坤舆万国全图》

yú
大地

世界地图

你听说过荆轲刺秦王的故事吗？古代军事作战，一幅详尽的地图非常珍贵，这也是荆轲献地图能接近秦王的原因。古时没有精密的测量仪器，也没有卫星等先进的设备，想绘制一幅精准的地图可不容易。

不过，却有这样一幅古代世界地图，它对于世界的诠释与现在的世界地图很相近。地图上不仅有山脉、河流，还有赤道、五大洲、日食、月食等，让你很难相信它绘制于 400 多年前的明朝，它就是《坤舆万国全图》。

这幅如此详尽的地图是如何绘制的，在没有卫星的条件下，绘者怎么知道地球上的这么多地方呢？

国宝
鉴赏

《坤舆万国全图》结合了中西方对于世界的认识，是国内现存最早的，也是唯一的一幅据刻本摹绘的世界地图。

北极上空视角看地球

文字描述了非洲大陆虎豹狮子等众多兽类，麝猫体内有香腺，收集可制成香水

标注着"大明一统"的明帝国，位居地图的中央

地图上还以注释的形式，介绍了世界各地的风土人情，极大地拓宽了国人的视野

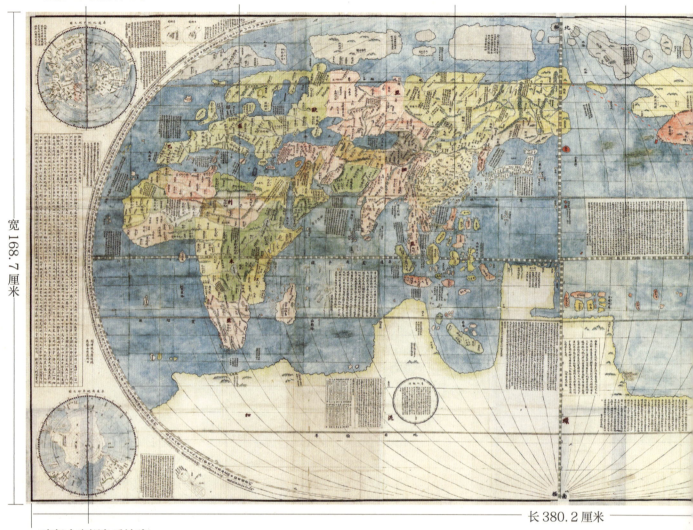

宽 168.7 厘米

长 380.2 厘米

南极上空视角看地球

国宝
故事

这些都是给中国皇帝的。

1 献礼给大明皇帝

明朝时期，有一位意大利传教士辗转来到了中国，他的名字叫利玛窦。利玛窦先后到达过澳门、肇庆、南京等地，并最终得到了觐见皇上的机会。万历二十九年（1601年），利玛窦从南京出发，沿大运河北上，面见万历皇帝，献上了他精心准备的自鸣钟、圣母像、《万国图志》、大西洋琴等礼物，万历皇帝对这些西洋物品非常喜爱，但对《万国图志》不太满意。因为皇帝看到地图上的堂堂天朝"中央之国"居然僻处地球一隅，自然不大高兴。

山脉以写景法描绘，河流以双曲线绘写，海洋以深绿色绘出水波

文字描述了巴西亚马孙雨林中的食人族，挖洞居住，喜欢吃人，以鸟羽毛做衣服

坤舆万国全图

2 中西结合的新地图

皇帝的态度关系到利玛窦能不能顺利留在京城，他一时不知道该怎么做。于是，他去请教他的好朋友——数学家、科学家李之藻。李之藻和利玛窦参考了很多国内外文献和地图，重新绘制了一幅中西结合的世界地图。

在这幅新的世界地图上，首创性地将大明帝国放在了世界的中心位置，还补上了 400 多个当时西方国家都不了解的地方，全部地名都用汉字标注。

3 洋科学家长留中国

万历皇帝看到新绘制的《坤舆万国全图》，果然很高兴，他允许利玛窦此后长居北京。皇帝还命宫廷匠人摹绘 12 份，送给身边重要的人。不过原件早已丢失，现存的《坤舆万国全图》也是摹绘本。

后来，利玛窦在中国还与科学家徐光启合作，翻译介绍西方的几何学。他们首创的几何学术语的中文表述，例如点、线、直线、多边形、平行线、对角线、直角等，一直沿用至今。中国人也开始真切了解世界，涌现出第一批放眼看世界的先行者。利玛窦本人此后再也没有离开过中国，万历三十八年（1610 年）他病逝于北京，终年 59 岁。

我是小小历史通

地图上的"狗国"

利玛窦和李之藻综合多个版本的外国地图，在新地图上标注地名，有些名字非常搞怪。他们听说大明东北部，有一个临海的神奇国家，这个国家男的长有狗头、人身、长毛，而女人会说汉语，他们就将这个地方，标上了"狗国"的名字。今天我们知道，其实他们说的是"狗拉雪橇"的因纽特人。

金蝉玉叶

材质　题材　材质　题材

这东西我只送给你一人。

　　夏天，你会不会经常听到蝉在树上叫个不停？你一定会停下玩耍的脚步抬头张望吧，是不是还想找个长棍把它捅下来带回家呢？

　　你知道吗？蝉最初生活在土里，它们先在土里待上几年甚至十几年，然后爬到树上，将外壳蜕去，长出翅膀来。古人认为蝉与莲花一样出淤泥而不染，拥有高洁的品德，因而古人喜欢咏蝉，在很多饰品中也经常能看到蝉的身影。

　　南京博物院有一件镇馆之宝就是蝉的造型，它是古代贵族女子的发簪，名叫金蝉玉叶。金蝉玉叶的造型非常精美，一只金光闪耀的蝉趴在玉叶上，它双翅微微张开，前足翘起，后足微抬，像是扯着喉咙在歌唱呢。

金蝉玉叶的制作技术十分复杂，采用了压模铸范、薄叶延展、錾（zàn）刻等黄金制作工艺，以及阳线、阴线、平凸等琢玉工艺。整件器物构思奇巧，动静结合，具有极高的鉴赏价值。

长 5.2 厘米

宽 3.2 厘米

玉叶采用的是新疆和田玉，晶莹润泽，叶子有主脉一根，两边各有支脉 4 根

整个蝉形象逼真，栩栩如生

金蝉中的黄金含量高达 95%，蝉翼厚度仅 0.2 毫米，工艺精湛

1 贵族女子的发簪

明代商品经济快速发展，富裕人家越来越多，人们对金银制品的需求也随之增多，因而金银制造业随之蓬勃起来。明弘治年间，有一名进士名叫张安晚。张安晚家很有钱，先后共娶了四房夫人，他尤其宠爱第四房魏氏，不惜花重金给她打造了这支金蝉玉叶发簪。蝉又被称为知了，所以金蝉玉叶又有"金枝玉叶"的美好含义，是古代对女子的赞美之词。

2 明代有钱人的头面

明代中期开始出现了鬏髻（音 dí jì，类似于假发，已婚妇女佩戴），此后金银首饰以一副头面（指头上所戴的首饰组合）为单位，形成了较固定的组合关系。对于家境富裕、穿着讲究的人来说，一副完整的头面包含十二三件首饰，多的可达二十几件。金蝉玉叶就属于其中的草虫簪。

花头　满冠　草虫　（鬏）髻　掩鬓　掩鬓　挑心　耳环　耳环　钿儿

3 黄金美玉组合

黄金和美玉自古在中国人心中就有特殊的地位，黄金寓意富贵，美玉象征吉祥，所以很多美好的事物都把金和玉结合在一起，如金玉良缘、金口玉言、金玉满堂等，宋词中还有脍炙人口的名句"金风玉露一相逢，便胜却人间无数"。后来依此还出现了金镶玉工艺，2008 年，北京奥运会奖牌的设计就采用了金镶玉这种传统工艺。所以这只金玉结合如此完美的发簪一出土就惊艳了世人。

我是小小历史通

古代玉蝉文化

蝉在古人心中的地位很高，有人将玉蝉佩在腰间，谐音"腰缠（蝉）万贯"，玉蝉佩挂在胸前寓意"一鸣惊人"，这便是"佩蝉"；此外，权贵们还将玉蝉装饰于头冠之上，成为权势与地位的象征，此为"冠蝉"。

另外，一些达官贵人死后，口中含着玉蝉，这便是"晗蝉"。古人不了解蝉的一生，有个成语叫金蝉脱壳，他们理解为蝉从爬虫到飞虫是一次重生，因此经常把蝉作为陪葬品来祝福逝者，希望逝者来世的生活更加美满。

清朝

卷

　　清朝是中国最后一个封建王朝，留下大量做工精细的文物。清宫皇室藏品众多，如今大多收藏在北京和台北两处故宫博物院。

　　康熙帝喜爱珐琅，就连珐琅彩的烧造都是在设于紫禁城内养心殿的作坊内最终完成的。康乾盛世时期的珐琅彩是中国陶瓷史上最为璀璨的一颗明珠。乾隆时清朝发展到顶峰，当朝完成了各种釉彩大瓶和金瓯永固杯这两大盛世作品。

　　清末国力衰微，是中华民族屈辱的近代史时期，圆明园被烧毁，包括十二生肖铜像在内的大量珍贵文物流失海外，不得不说是很大的遗憾。

掐丝珐琅团花纹菱花式火锅

qiā

líng

工艺　　　花纹　　　器形　　　用途

今天这顿火锅不错。

你喜欢吃火锅吗？寒冷的冬天，吃上一顿火锅，可暖和了。你知道吗，早在距今2100多年的西汉就已经出现火锅了。到北宋时期，火锅的吃法在民间已经十分常见，汴京的酒馆，冬天已有火锅供应。

到了清代，火锅不仅在民间盛行，而且成了一道著名的宫廷菜。进入宫廷，火锅的样式真是多样又精美。故宫博物院就收藏有一个晚清的火锅，全名有点长，叫掐丝珐琅团花纹菱花式火锅。

这件火锅可以算得上清宫火锅里的颜值担当了，它体型不大，整体为菱花形，清新的蓝色打底，红、黄、蓝、白等色团花纹漫布周身，疏朗而隽秀。这么精致的外形，一眼看到还真不相信这是个火锅呢！

太后喜欢就好。

掐丝珐琅团花纹菱花式火锅外形精致，运用了著名的掐丝珐琅工艺，体现了宫廷生活的奢华与精致。

口径 21 厘米

整体为菱花形

高 19 厘米

体型不大，应为单人小火锅

圈足

足径 15 厘米

蓝色的锅身上饰红、黄、蓝、白等色团花纹

上附錾刻镀金的提手和螭（chī）耳

你知道吗？

慈禧太后的菊花火锅

话说慈禧太后也很喜欢吃火锅，慈禧身边的女官曾详细记录了太后吃菊花火锅的步骤。菊花火锅选用的是一种叫做"雪球"的白菊花，须反复洗净再漂洗后备用。慈禧有专门的火锅和配套的桌子，锅内盛装鸡汤或肉汤。慈禧涮锅时常吃鱼肉片和鸡肉片。吃火锅时，先下肉片，煮五六分钟后再放入白菊花，再等五分钟左右就可以食用了。

1 古代火锅的历史

火锅在古代叫"古董羹（gēng）"，因为将食物投入沸水里时，会发出"咕咚"的声音而得名。它是中国独创的美食，历史悠久。从出土的文物来看，早在西汉时，我们的祖先就已经开吃火锅了。

唐朝时，大诗人白居易写道："绿蚁新醅（pēi）酒，红泥小火炉。晚来天欲雪，能饮一杯无？"惟妙惟肖地描述了当时食火锅的情景。南宋时，词人林洪著食谱《山家清供》，记录有与朋友一起吃火锅的场景。元朝时，火锅流传到北方草原，用来煮食牛羊肉。到了清朝，火锅不仅在民间盛行，而且在宫中也很受欢迎。康熙帝、乾隆帝、慈禧太后都很爱吃火锅。

2 清宫里的火锅盛宴

相传，乾隆皇帝非常喜欢吃火锅，他曾在皇宫中大摆千叟（sǒu）宴，所谓千叟宴就是邀请很多老人来参加的宴会。他们吃的就是火锅。据史料记载，全席共上火锅 1550 多个，应邀品尝者达数千人，成为历史上最有名的一次火锅盛宴。乾隆四十四年（1779 年）间，两个月内举办了 60 次火锅宴，由此可见乾隆皇帝对火锅有多喜爱。

我就是爱火锅，别让我停下来。

3 什么是掐丝珐琅

珐琅是一种绘于金属或瓷器质胎体外的釉彩，用珐琅装饰过的器物被称为珐琅器。掐丝珐琅属于珐琅器的一种，是指在胎体上用铜丝或金丝塑造出纹饰图案，然后焊到胎体上，再用珐琅釉给纹饰上色，最后入窑烧造。其制作工艺在明代景泰年间达到巅峰，使用的珐琅釉多以蓝色为主，故后人称为"景泰蓝"。

国宝 44

瓷器

各种釉彩大瓶
yòu

题材多样　工艺　规格　器类

我们常说中国有四大发明，其实不止四大发明，瓷器也是中国人的一项伟大发明。直到今天我们都离不开瓷器，我们吃饭用的碗、盘，喝水用的杯子，绝大部分都是瓷器。

有这样一件瓷器，它全身上下共计 15 层，集合了从宋代到清代最具代表的 17 种制瓷工艺，由于种类繁多，所以它的名字也很简单直白，就叫各种釉彩大瓶。

各种釉彩大瓶上的制瓷工艺，每一种在瓷器工艺上都是响当当的明星，但要将它们集中在一起非常困难，它们的"脾气"不同，任何一种工艺在烧制时出现问题，全部都得推倒重来。

如此说来，创制它的人可真是艺高人胆大。换个角度看，这大胆的背后何尝不是一个时代的国富民强与文化自信。

国宝 鉴赏

各种釉彩大瓶，集各种高温和低温釉、彩于一身，集中体现了当时高超的制瓷技艺，传世仅此一件，弥足珍贵。

你也许觉得我的名字有点儿普通，其实我的全名是：清乾隆青花五彩斗彩金彩珐琅彩红釉粉青釉霁蓝釉松石绿釉窑变釉仿官釉仿哥釉仿汝釉酱色釉三阳开泰博古九鼎吉庆有余丹凤朝阳太平有象仙山琼阁蟠螭纹蝙蝠纹花卉纹如意纹万字纹灵芝纹螭耳大瓶。

因为这名字实在太长了，我一般都不告诉别人。不过，很多专业人士都尊称我为"瓷母"。

"瓷母"腹部的主体纹饰

写实吉祥图案六幅

1. 三阳开泰
2. 吉庆有余
3. 丹凤朝阳
4. 太平有象
5. 仙山琼阁
6. 博古九鼎

植物花卉瑞兽吉祥图六幅

1. 寓意"吉祥"的万字
2. 寓意"福"的蝙蝠
3. 寓意"如意"的如意
4. 寓意"辟邪"的蟠螭
5. 寓意"长寿"的灵芝
6. 寓意"富贵"的花卉

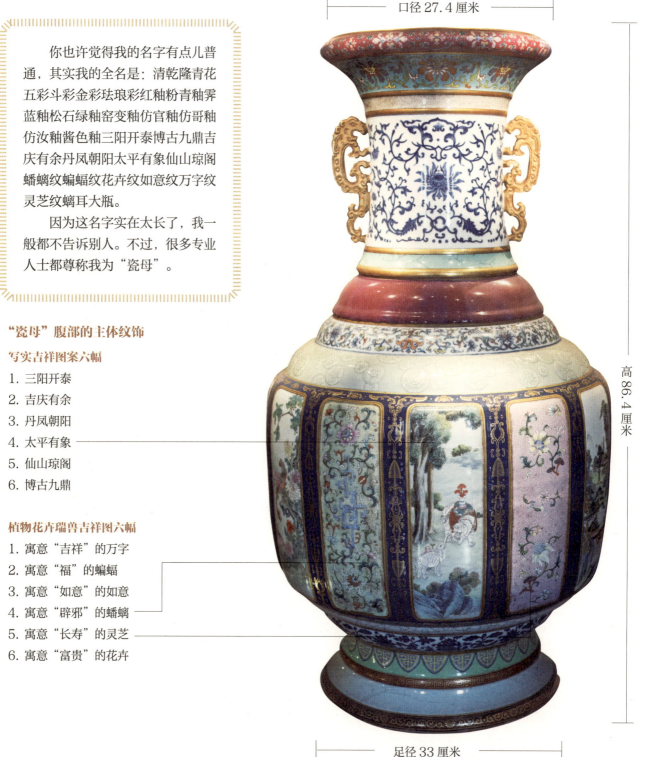

口径 27.4 厘米

高 86.4 厘米

足径 33 厘米

于完成了乾隆帝的任务。据现代科技推算，此瓶烧制成功的概率是 0.7^{17}，也就是 0.2326%。实在是佩服景德镇的这批窑工呀！

1 乾隆皇帝的突发奇想

乾隆十三年（1748 年），爱好瓷器的乾隆皇帝突发奇想，觉得当今天下国富民丰，能不能把全天下能找到的各种釉彩的瓷器，集中烧制在一件器物上，以此彰显大清的鼎盛与包容。再加之督陶官唐英对景德镇御窑厂多年的苦心经营，一大批身怀绝技的名工巧匠会集于景德镇，是时候展示当朝实力了。

让我想想还有什么没见过的瓷器可以弄。

于是乾隆皇帝不顾历来瓷器的端庄素雅风格，勒令工匠将历代各种釉彩烧制于一个大瓶上，以炫耀大清的绝伦技艺，彰显盛世。

3 只有这一件吗

各种釉彩大瓶由于品种极特殊，仅在故宫博物院发现一件，很多专家、学者在介绍这件国宝时，常常用到独一无二的说法。但中国人凡事讲究成双成对，照此推理还应该有一件才对。实际上它还真有一个兄弟。

清末，众多中国文物流失海外，其中就包括另一只各种釉彩大瓶。2014 年，在美国波士顿的一场拍卖会上，一件中国清朝乾隆年间的大瓷瓶亮相，这件瓷器身上多处有小修，表面磨损和划痕严重，还少一只"耳朵"（后修复还原），在窑变的地方有一条很大的裂痕。尽管瑕疵不少，但还是以约 1.51 亿元人民币被一名中国收藏家购得。这件瓷器高约 87.3 厘米，与故宫博物院的这件相似度高达 99%。

2 这样的大瓶子可不好做

这个任务自然落到了督陶官唐英的身上。唐英虽奉旨在景德镇御窑厂与窑工共事多年，但他深知皇上下达的这个任务有多艰巨。

你想想，要把 17 种釉下彩、釉上彩集合在一起，还要在不同的温度下烧制。那个时候可没有温度计，窑工只能完全靠经验来控制温度，并且温度上允许的差额大概在 1~2℃，任何一种釉彩出现问题，就得从头再来。就这样，唐英带领他的手下一遍一遍地反复试验，终

哎，皇上总是想一出是一出的。

4 花样繁多的釉彩

各种釉彩大瓶因集合历代的 17 种釉彩而著称。釉就是瓷器表面包裹的像玻璃一样的薄层，它能使瓷器看起来很有光泽，还可以起到保护、防渗水的作用。在釉下或者釉上用颜料来作画，再放入不同温度的窑里烧，就形成了釉上彩或釉下彩。例如青花瓷属于釉下彩，粉彩属于釉上彩，斗彩属于釉下彩与釉上彩的结合。

有人认为乾隆各种釉彩大瓶的审美"又土又俗"，瓷器还是应该以素雅为佳，这样的瓷器，完全是个大杂烩。但也有人认为，审美没有一个统一的标准，况且正因为这个瓶子的问世，我们才能一睹各朝名瓷争奇斗艳的风采。你是怎么认为的呢？

国宝45
金银器

ōu
金瓯永固杯

主材　造型　主题　器类

馆藏点
北京故宫博物院

　　春节，从古到今都是中国人非常重视的节日，古代皇帝过春节自然少不了张灯结彩、大宴群臣，不过自清朝雍正开始，新年的第一天多了一个仪式——明窗开笔。明窗开笔是皇帝对国家祈福的仪式，仪式上必须用到一件盛酒的礼器，名叫金瓯永固杯。

　　据说，存世的金瓯永固杯共有4件，如今天各一方，这里介绍的是乾隆帝87岁高龄时下令制造的那只。

　　金瓯永固杯杯口正中錾刻"金瓯永固"，另一面錾刻"乾隆年制"，两侧各有一龙形耳，杯底是象鼻三足鼎立，外壁满錾宝相花，上面配有各色珠宝。这樽小小的酒杯，承载着皇帝对来年的展望、对国家的祝福。

国宝鉴赏

金瓯永固杯运用了珠宝镶嵌、点翠等多种工艺，是乾隆皇帝亲自指导设计的，是皇帝新年祈福的重要礼器，是"中国乃至世界金银器史上的巅峰之作"。

口径 8 厘米

口沿
有篆书"金瓯永固""乾隆年制"

手柄
夔（kuí）龙耳

杯身
点翠工艺，因时间久，许多翠羽已经脱落。通体錾刻缠枝花卉，共镶有大小珍珠 11 颗，红、蓝宝石 21 颗，碧玺 4 颗

通高 12.5 厘米

足高 5 厘米

杯足
象鼻三足鼎立，寓意"太平有象"

1 明窗开笔仪式

清雍正皇帝在位时，开创了一个新的新年仪式，称为明窗开笔，之后由乾隆帝不断完善、推行。

每年新年零点一到，清朝皇帝的第一要紧事来了。在爆竹声声的喜庆氛围中，皇帝身着朝袍礼服来到养心殿的明窗前，将屠苏酒注入金瓯永固杯中，放于紫檀长几上，亲自点燃"玉烛长调"烛台蜡烛，然后提起"万年青"毛笔在纸笺上写下"风调雨顺""天下太平"类似的吉祥话，标志着对新一年的祝福。仪式结束后，皇帝会亲手将所用之物整理好，命内务府收藏，等到来年开笔仪式时再用。

2 乾隆帝监工造杯

金瓯永固杯的设计师是乾隆皇帝。乾隆皇帝对金瓯永固杯的制作十分重视，他从全国3000名能工巧匠中精选了80名，在制作每道工序前都要画出图样，经他批准后才能制作。

据史书记载，制作金瓯永固杯时，乾隆帝前前后后下了十几道圣旨，指导非常详细。比如"金杯足子做象鼻子足子，镶珠宝，金杯刻'金瓯永固乾隆年制'之款，钦此"，"耳子夔龙上各安大珠子一颗，两面每面安珠子五颗，中间一颗安大些，花头要圆的，再样呈览，准时再做，钦此"。只有皇帝满意了，流程才能继续往下走。

这珠子颜色搞艳点儿！这雕工搞细致点儿！

乾隆四年（1739年），第一只金瓯永固杯制作成功，所有参与"造杯计划"的人全部封官晋爵，连普通工人都官封九品，实属罕见。

3 四只金杯散落各处

据现有文献记载，乾隆年间共制作了4件"金瓯永固"杯，分别是乾隆四年（1739年）的一件、乾隆五年的两件、乾隆六十二年（即嘉庆二年，乾隆太上皇时期）的一件。

时过境迁，如今这些酒杯也分散于各处，目前所知存世的4件金瓯永固杯为北京故宫博物院金杯（乾隆六十二年制）、台北故宫博物院金杯（乾隆五年制）以及伦敦华莱士收藏馆的金杯（乾隆四年制）、鎏金铜杯（乾隆五年制）各1件。

4件金杯只是有一些小的差别，北京故宫博物院收藏的这件为最晚期制作的。这一年春节，87岁的乾隆已当上太上皇，他回顾自己的一生，感慨颇多，觉得新年该有新气象，便下令重新做了一件金瓯永固杯。

望大清的江山就跟这金杯一样永固。

金漆三足凭几

装饰　　造型　　用途　　器类

原始社会，我们的祖先拿起大石块或者树墩就当起了天然的桌椅。后来，人们将木材、布料等组装做成了各式各样的家具。直到现在，家具仍是我们生活中的必需品。从古至今，随着人们生活方式的改变，很多家具已经不再使用了，比如凭几。

皇爷爷，您一直这样看书的吗？

有一幅古画叫《康熙皇帝读书像》，画中康熙皇帝身穿吉服，正襟危坐于龙纹金漆凭几之后，正在读书。画中的凭几与故宫博物院所藏的一件凭几极为相似，名叫金漆三足凭几。

金漆三足凭几是康熙皇帝的御用之物，据说，凭几与康熙皇帝的生活关联密切，无论读书、写字，还是礼佛，他都会用到凭几。

国宝
鉴赏

金漆三足凭几构思巧妙、制作精细，有典型的清代装饰风格，周身遍布的龙纹又彰显了它的皇家身份，堪称家具艺术中的精品。

长 88 厘米

木质，外施金漆

宽 9 厘米

弧形的面

两端高高翘起

面高 31.5 厘米

三足，足上部雕有龙头，龙张口吐水，水柱落地又向上翻卷，形成凭几的足，构思巧妙

凭几内侧束腰处雕刻有"苍龙教子图"，这种图案在宫廷广泛使用，寓意教育后代早日成才

国宝
故事

1 康熙皇帝的御用

康熙皇帝看书的时候，习惯盘腿坐于炕上，一些清宫绘画与史料记载中都有这方面的记录，这跟满族传统使用火炕、盘足而坐的习惯相关。

凭几的设计确实适合人盘腿坐于炕（床）上

阅读时使用。将凭几放在身前，高度适中，可以将双臂及肘部都放在上面，几面可放置图书，书立起来或者倒下去摊开看，都很合适，同时书与眼睛之间保持了一个合适的阅读距离，以免近视。

另外，凭几还是可以活动的，放于身后可以仰靠，放于身侧可以斜倚。由于体格不大，可以方便地将它挪到需要的位置，所以康熙皇帝出巡的时候也经常带着它。

② 尊贵地位的象征

凭几的历史非常悠久，自古便是权力与地位的象征。

周朝时，国家有重要礼仪活动，周天子所坐的位置都要设置屏风、筵席和用玉装饰的凭几，这些器物共同构成了庄肃威严的场景。《尚书》中记载周成王临死前，身穿冕（miǎn）服，并在玉凭几之前做出凭倚之势，然后才对群臣诸侯发出遗命。

西汉历史笔记小说《西京杂记》中记载："汉制，天子玉几。"可以看出凭几彰显了君主王权的身份。而康熙皇帝选择的饰有五爪龙纹的金漆凭几，同样是皇权至尊的集中体现。

我是小小历史通

追先贤之风

凭几是敬老之物。《史记》记载，汉武帝"赐淮南王几杖"来表示对叔叔淮南王的礼遇。几杖便是凭几和拐杖的意思。由于老人体弱，走路的时候用拐杖辅助，坐着的时候用凭几来支撑身体。

凭几也是文人之好，他们的诗文中也有几。王维说："药阑花径衡门里，时复据梧聊隐几。"白居易道："有时犹隐几，答然无所偶。卧枕一卷书，起尝一杯酒。"

而"隐几图"更是历代文人肖像画中的一种固定范式，康熙皇帝追随先贤之风，在自己的肖像画中置用凭几，可谓意味深长。

③ 现在用不上它了

我们现在为什么看不到凭几了呢？

这是因为呀，家具也是在不断发展的。早期的凭几只有两条腿，几面也是平直的。到了魏晋南北朝时期开始出现了三条腿、弧形几面的凭几。再后来，高足家具开始出现，人们由席地而坐改为垂足而坐，凭几自然就越来越少了。

当然，这里不得不提到交椅的出现。交椅是由通过西域传入的胡床发展而来，交椅的造型，其实就是胡床与凭几的一个组合体，不信你看，其上半部分的椅圈完全就像是曲凭几的延伸，而其下半部便是胡床的改良版。

由此可知，随着交椅这种高型家具的出现，倚靠功能单一的凭几只能被历史淘汰。

还是交椅舒服啊。

图书在版编目（CIP）数据

藏在博物馆里的国宝故事 ：全四册 / 知路童书著绘
. — 杭州 ：浙江人民出版社，2023.5
ISBN 978-7-213-10998-0

Ⅰ. ①藏… Ⅱ. ①知… Ⅲ. ①文物 - 中国 - 通俗读物
Ⅳ. ① K87-49

中国国家版本馆 CIP 数据核字（2023）第 038452 号

藏在博物馆里的国宝故事
CANG ZAI BOWUGUAN LI DE GUOBAO GUSHI

知路童书 著绘

出版发行：浙江人民出版社（杭州市体育场路 347 号　邮编　310006）
　　　　　市场部电话 :(0571)85061682　85176516
责任编辑：方　程　潘海林　陈　源　尚　婧
营销编辑：陈雯怡　赵　娜　陈芊如
责任校对：王欢燕
责任印务：幸天骄
封面设计：左小文
电脑制版：知路童书
印　　刷：三河市双升印务有限公司
开　　本：710 毫米 × 1000 毫米　1/16　印　张：17
字　　数：350 千字
版　　次：2023 年 5 月第 1 版　　印　次：2023 年 5 月第 1 次印刷
书　　号：ISBN 978-7-213-10998-0
定　　价：198.00 元（全四册）

如发现印装质量问题，影响阅读，请与市场部联系调换。